Fachratgeber
Klett-Cotta

Hilfe aus eigener Kraft

KNUD EIKE BUCHMANN
MONIKA FREY-LUXEMBURGER

Der Ton macht die Musik

Der Taschen-Coach für gelungene Kommunikation

Klett-Cotta

FSC
www.fsc.org
MIX
Papier aus verantwortungsvollen Quellen
FSC® C013736

Klett-Cotta
www.klett-cotta.de

Printed in Germany
Titelbild: © WavebreakmediaMicro – Fotolia.com
Umschlag: weiß-freiburg GmbH graphik und buchgestaltung, Freiburg i. Br.
Gesetzt in den Tropen Studios, Leipzig
Gedruckt und gebunden von Kösel, Krugzell
ISBN 978-3-608-86043-6

Bibliographische Information der Deutschen Nationalbibliothek
Die Deutsche Nationalbibliothek verzeichnet diese Publikation
in der Deutschen Nationalbibliographie; detaillierte bibliographische
Daten sind im Internet über http://dnb.d-nb.de abrufbar

Schnelleinstieg

Inhalt

Vorwort

Menschen reden seit ihrer Kleinkindzeit – aber verstehen sie sich auch? Können sie zuhören, zwischen den Zeilen lesen? Sind sie bereit, sich um Verständnis und Verständigung zu bemühen? Nicht die Selbstbezogenheit, sondern die Berücksichtigung des Gegenübers in seiner Verfassung und in seinen Möglichkeiten steht im Mittelpunkt dieser Gedanken. Dabei spielen nach Meinung der Autoren Glaubwürdigkeit, Fairness, Aufrichtigkeit und Kompetenz die entscheidenden Rollen. Hinter jedem Kommunikationsverhalten wird ein Menschenbild deutlich. Gute Gespräche sind geprägt von wechselseitiger Wertschätzung der Personen und von partnerschaftlicher Gleichberechtigung der am Gespräch Beteiligten. Auch wenn Menschen immer wieder dazu neigen, Machtspielchen zu spielen, ist gelingende Kommunikation von Prinzipien der Reversibilität, der Angepasstheit an die jeweilige Gesprächssituation, der Fairness und der Beachtung der allen Menschen eigenen seelischen Grundbedürfnisse getragen.

Das kleine Gespräch im Alltag verdeutlicht bereits eine Schwierigkeit: Wie sage ich klar und deutlich Nein, obwohl man – vor allem wohl aus Höflichkeit – ein sanftes Ja von mir erwartet? Kann ich in Ruhe und Gelassenheit eine berechtigte Beschwerde vorbringen? Was kann ich tun, um vor einem Publikum bei einem kurzen Diskussionsbeitrag zum Beispiel bei einem Meeting oder bei einem Elternabend gut auszusehen? Oder: Ich merke, dass ich belogen werde. Was soll ich tun? Lügt mein Gegenüber wirklich oder möchte ich es nur glauben? Kann ich mich angemessen entschuldigen? Sind Lob und Tadel Waffen, die man nicht nur bei der Erziehung einsetzt, sondern vor allem auch im Umgang mit Kollegen, Mitarbeitern und Vorgesetzten? Wie sollte man sie einsetzen?

Es sind oft nur Nuancen, die darüber entscheiden, ob ein Gespräch gelingt oder ob ein Gespräch ins Kippen kommt: Da versteht das Gegenüber ein Wort falsch oder der Tonfall klingt vorwurfsvoll oder eine abwertende Handbewegung verwandelt die Aussage ins Negative. Gerade bei kritischen Gesprächen sollte man beachten, wann und wo sie stattfinden und ob man sie unter vier Augen oder in der beruflichen Öffentlichkeit führt. Alle unsere Gespräche finden in Systemen statt: in der Familie, der Firma, der Sportgruppe – aber eben auch in einem amerikanisch oder eher französisch geführten Konzern. Gewohnheiten oder ungeschriebene Gesetze müssen beachtet werden, um nicht anzuecken oder ins Abseits zu geraten. Wir Menschen sind in der Lage, viele Rollen zu lernen und zu übernehmen. Das bedeutet nicht, dass man dadurch seine innere Freiheit verlieren muss. So scheint es bedeutsam, dass man sich nicht in etwas hineinziehen lässt, was mit dem eigenen Innersten nicht kompatibel ist, was einem also gegen den Strich geht. Wir werden nur gute Gespräche führen, wenn wir auch zu dem stehen, was wir sagen und wie wir es sagen. Menschen haben ein gutes Gespür dafür, ob das Gegenüber authentisch ist oder aber eine Show abzieht. Die Zeit, in der gepredigt wurde (Dale Carnegie): *»Lächle, gib nie Widerspruch; sag nie jemandem, er habe unrecht; tadle nie; sei einfach nur ein netter Kerl!«*, ist vorbei. Und ebenso wenig ist es die Aufgabe von Frauen (wie lange US-typisch propagiert): *»Hilf deinem Mann im Geschäft, um gesellschaftlich voranzukommen!«* Wir denken, dass Anpassung, Konformismus und Im-Main-Stream-Schwimmen in einer Demokratie nicht den Weg zu einer erfolgreichen Kommunikation darstellen. Authentizität und Glaubwürdigkeit sind gefragt.

Wir haben auf der Basis unserer Erfahrungen, aus vielen Seminaren und der wissenschaftlich gesicherten Erkenntnisse aus der Kommunikationsforschung an Beispielen der Beeinflussung verdeutlicht, wie Gespräche gelingen, ohne die Beziehung zum Gesprächspartner zu belasten oder gar zu zerstören. Es kann nicht darum gehen, im Schnellverfahren ein paar Tricks zu lernen – die gibt es höchstens bei kurzfristigen Verkaufsüberredungen, sondern es geht um eine Haltung dem anderen und sich selbst gegenüber: Wir dürfen uns weder alles gefallen lassen (auch nicht von uns selbst!), noch müssen wir uns durch Flegeleien anderer Menschen anstecken lassen. Die innere Souveränität hat etwas mit Charakter zu tun, mit Anstand und einem Empfinden für Gerechtigkeit. Diese Haltung gerade in heiklen Situationen zu zeigen, machen den Menschen und Meister aus. Was sollen wir tun, wenn wir bloßgestellt oder plump angemacht werden? Und sind nicht immer mehr Menschen in Service-Berufen tätig, in denen sie ständig mit anderen Menschen, Kunden oder Gästen sprechen müssen? Gibt es da bewährte Regeln?

Wer als Führungskraft Verantwortung auch für andere Menschen trägt, ist gut beraten, weich, fair und konsequent mit dem Gegenüber umzugehen. Wenn wir von geschickter oder unterschwelliger Beeinflussung sprechen, meinen wir damit nicht Manipulation, sondern beziehen uns auf eine wechselseitig akzeptierende, dialogische Resonanz: den anderen gut aussehen lassen und sich selbst gut darstellen. Es geht uns so gut, wie wir miteinander umgehen.

In der gelingenden Kommunikation liegt der wahre Reichtum unserer täglichen Begegnungen. Dabei spielen heute auch klare Konzepte im medialen Umgang miteinander eine wichtige Rolle: Die Kommunikation im Netz – besonders bei Kindern und Jugendlichen – scheint eine große Bedeutung für das gekonnte oder eben nicht gekonnte Sprachverhalten zu haben. Gibt es heute Empfehlungen, die morgen noch Gültigkeit haben? Wir denken: Ja – und haben dazu wesentliche Aspekte aufgelistet.

Was bewirkt ein zu spätes oder nicht vollständiges Geständnis nach einem Fehlverhalten? Was tun wir, um zu vergeben und zu verzeihen? Wie macht man das?

Und: Gehören nicht auch das Schweigen und das Zuhören als Grundqualifikationen zum Gespräch? Den richtigen Moment abpassen, zu dem man etwas sagen oder in dem man lieber schweigen sollte, ist höhere Gesprächskunst.

Manche Teilnehmer unserer Kurse fragen, ob es denn falsch wäre, so zu sprechen, wie einem der Schnabel gewachsen sei. Ja, wenn man sich dadurch selbst und andere belastet. Nein, wenn diese Spontaneität auf der tragfähigen Basis einer menschenfreundlichen und hilfreichen Beziehung gründet. Wie bei allen Kunstfertigkeiten – Tanzen, Golfspielen, Umgang mit dem Computer – gilt: Üben, üben, üben … und das mit einem klaren Konzept. Dabei ist der Lehrer, Trainer, Pro etc. wichtig. Und dass es in der Anfangsphase zuweilen, der typischen Lernkurve folgend, erst einmal zu Irritationen kommen kann, weil man das Neue noch nicht ganz beherrscht und das Alte nicht mehr will, ist natürlich. Erste Erfolge stellen sich aber ein, wenn man den Empfehlungen anfangs bewusst folgt, die dann über kurz oder lang ins Unterbewusste eingehen. Es ist ein Kennzeichen von Könnerschaft, im richtigen Moment den Konflikt zwischen Intellekt und Emotion, zwischen Geist und Gefühl klug auszubalancieren.

Und noch ein Aspekt scheint uns besonders wichtig: Wie spricht man mit sich selbst? Gerade die im Selbstgespräch vorgenommene Selbstbewertung von *»Ich bin nichts wert!«* bis *»Ohne mich klappt hier auch gar nichts!«* entscheidet über unser Selbstwertgefühl. Dieses entscheidet meist darüber, ob wir bei anderen Menschen sympathisch oder eher doch wie ein Kotzbrocken ankommen. Werde ich nicht gelitten, kommt auch meine Botschaft nicht wirklich gut an – sosehr ich mich auch bemühe. Neben dem Inhalt einer Botschaft geht es eben auch immer um das *Wie* des Miteinanders. Immer spielen sowohl der Inhalts- als auch der Beziehungsaspekt eine wichtige Rolle. Wir gehen davon aus, dass man nicht bei allen Menschen beliebt sein muss – auch nicht gefürchtet –, aber man kann sich um Achtung bemühen. So wie man auch alle anderen Menschen in ihrer Würde achtet!

Knud Eike Buchmann, Monika Frey-Luxemburger
im Sommer 2013

Kapitel 1
Einführung: Kommunikation als Mittel wechselseitiger Beeinflussung

Wenn sich Menschen begegnen, tun sie das im Allgemeinen, um etwas miteinander zu erleben bzw. um sich wechselseitig zu beeinflussen. Da Menschen nicht völlig für sich allein leben können – jedenfalls nicht im Normalfall –, sind wir auf den Kontakt zu anderen Menschen angewiesen. In diesem Zusammenleben von Menschen kommt es ständig zu wechselseitiger Beeinflussung. Das Gespräch bietet uns viele verschiedene Möglichkeiten, mit anderen Menschen umzugehen. Zuweilen geschieht das mit voller Absicht, andererseits aber auch unbeabsichtigt: In allen Fällen nehmen wir eine emotional getönte Einstellung zu den anderen Menschen ein; sie kann positiv wie negativ sein. Stets hat unsere Einflussnahme auch etwas mit Macht zu tun: Wir möchten – mit unterschiedlichen Interessen – mit anderen Menschen zusammenleben und auch wechselseitig voneinander profitieren. Dabei spielt der Austausch von Gefühlen eine wichtige Rolle. Immer berühren uns Begegnungen mit Menschen vorübergehend oder sogar für lange Phasen unseres Lebens.

Im Wesentlichen geht es bei der Beeinflussung immer um zwei Grundthemen, die jeweils modelliert werden und zu allen Epochen relevant waren: Einmal ist es die Beeinflussung zur Liebe, und zum anderen ist es die Beeinflussung als Macht. Diese Felder sind nicht immer ganz klar voneinander zu trennen. Eine schwerpunktmäßige Zuordnung sei hier aber versucht.

Beeinflussung zur Liebe »Du sollst keinen anderen (neben mir) lieben!«	**Beeinflussung als Macht** »Du sollst mir gehorchen!«
• »Was kann ich tun? Welche Mittel kann ich einsetzen, damit sie mich ewig liebt?« • »Was kann ich tun, damit ich seine Zuwendung und Beachtung erfahre?«	• »Tu, was ich will!« • »Wie gewinne ich die Dominanz?« • »Wie bekomme ich mehr Einfluss?« • »Wie mache ich mir die ›Untertanen‹ gefügig?« • »Wie halte ich sie still?« • »Wie bringe ich meinen Untergebenen Gehorsam bei?« • »Wie kann sich unser Glaube / unsere Ideologie durchsetzen?« • »Wie verführe / überrede ich jemanden möglichst geschickt dazu, dieses oder jenes zu tun oder zu unterlassen?«

In vielen Lebensbereichen finden wir diese systematisch geplante oder auch ungeplante Beeinflussung hinsichtlich Liebe oder Macht: in der Partnerschaft, Erziehung, im Führungsstil oder beim Verkauf, in der Psychotherapie oder ganz allgemein im Zusammenleben von Menschen.

Dass diese oben aufgelisteten Fragen zu unterschiedlichen Zeitepochen in unterschiedlichen Regionen der Welt – auch in unterschiedlichen Regierungssystemen – verschieden beantwortet wurden und werden, liegt auf der Hand.

Menschenbeeinflussung setzt vier Basiskompetenzen voraus:

- Ich muss etwas über die menschliche Natur, über seine psychologische Bedürftigkeit wissen und Erkenntnisse auf das zu beeinflussende Individuum anwenden können.
- Ich muss meine eigenen Schwächen und Stärken kennen bzw. kultivieren und meine Strategien auch daran orientieren.
- Ich muss fachlich-technisch bestens vorbereitet sein.
- Ich muss Ziele haben und klare Vorgehensweisen im Sinne einer Strategie kennen und flexibel anwenden.

Was beeinflusst eine Beziehung günstig?

In einer normalen Gesprächssituation wollen sich wenigstens zwei Menschen wechselseitig beeinflussen. Sie bedienen sich dabei der gleichen Zeichen bzw. Sprache und wissen, dass der jeweils andere unter den gesendeten Zeichen etwas anderes verstehen könnte. Außerdem ist die Anzahl der verwendeten Zeichen viel größer, als wir gemeinhin annehmen. Neben dem *Was* der Sprache wird vor allem auch das *Wie* vermittelt: Stimmführung und Klang, Körperhaltung, Kinesik (regelt Nähe / Distanz der Körper zueinander); aber auch (Status-)Symbole (lasse ich z. B. jemanden bei mir antanzen; bitte ich um ein Gespräch; suche ich ihn in seinem Revier auf; parliere ich eher unverbindlich bei einem Feierabendbier etc.). Stets ist ein Gespräch auch gekennzeichnet von Über- und / oder Unterordnungsprinzipien. Selten ist bei Gesprächen in kritischen Situationen eine gleichberechtigte Kommunikationsebene gewährleistet. Auch der Zeitpunkt des Gesprächs ist zu beachten: kurz vor Feierabend, mitten in anderen Aktivitäten? Ist der Zeitpunkt befohlen wie etwa: »*Kommen Sie bitte um 11.00 Uhr in mein Büro!*«, oder hat man Mitspracherecht: »*Herr Schulte, ich hätte Sie in dieser Woche gern noch einmal in der Angelegenheit Maier für ca. 30 bis 40 Minuten gesprochen. Wann würde es Ihnen passen?*«

Es ist bedeutsam, ob andere Personen wie Kinder, Mitarbeiter, Chefs oder die Freundin dabei sind und wodurch das Verhältnis der Gesprächspartner zueinander vorgeprägt ist: Kennt, versteht man sich? Hat es schon öfter Streit gegeben? Wenn ja, wie ist dieser bewältigt worden? Wer hat gewonnen, wer verloren? Nicht uninteressant ist die gemeinsame Zukunft der beiden Partner: Muss oder will man zukünftig miteinander umgehen? Könnte es zu einer vielleicht endgültigen Trennung kommen?

Die unterschiedliche Bewertung der Wichtigkeit eines Gesprächs kann mitentscheidend sein, ob dieses gelingt oder nicht. Hängt vom Ergebnis des Gesprächs für den einen alles ab, wird er anders herangehen als jemand, der – im anderen Extrem – nur so sein Routine-Gespräch führt, um sich seiner lästigen Pflicht zu entledigen. Damit kommt ein weiterer Aspekt auf: Die Ernsthaftig- und Glaubwürdigkeit des Gesprächsführers ist ein bedeutender Aspekt für ein mögliches Ge- oder Misslingen. Nach allem, was wir wissen, erhöht das Engagement für die Sache (worum geht es?) und für die Person (um wen geht es hier eigentlich?) die gewünschte Qualität eines Gesprächs: Man kommt im Allgemeinen besser ans Ziel.

Auch dies ist natürlich ein wesentlicher Aspekt: das Ziel. Welches ggf. gemeinsame Ziel wird verfolgt? Steht es von Anfang an fest oder entwickelt es sich erst im Verlauf des Gesprächs? Ist das Ziel eher an einem Ergebnis orientiert (typische Männerkommunikation) oder ist das Gespräch an sich im Sinne eines Erlebensaustauschs das Bedürfnis (eher weibliche Kommunikation)?

Und schließlich ist es auch wichtig, dass der Gesprächspartner nur in den seltensten Fällen überrumpelt werden soll. Es empfiehlt sich also – auch und gerade bei Konfliktgesprächen –, dem Gegenüber eine gewisse inhaltliche Vorbereitung zu ermöglichen. Dort, wo Fairness geboten ist – und das dürfte in den meisten Fällen so sein –, gilt es auch, Spielregeln zu vereinbaren und einzuhalten.

Der erfahrene, d. h. in der Praxis geübte, Kommunikator wird sein Gesprächsrepertoire ständig erweitern und perfektionieren, ohne dass er von vornherein für jede schwierige Situation eine Patentlösung zur Verfügung hätte. Aber er ist von einer Grundhaltung getragen und erfüllt. Eine asiatische Spruchweisheit sagt: »Der Meister hat alles gelernt und dann alles vergessen!«

Was sollte man über die menschliche Natur wissen?

Es gibt – über die körperlichen Grundbedürfnisse hinaus – einige ganz wichtige, seelische Bedürfnisse aller Menschen; gleich in welcher Region der Erde sie leben. Aber: Jede Sub-Kultur und jede Zeit / Epoche hat ihre eigene Art, diese Bedürfnisse zu befriedigen und: Je differenzierter oder höher entwickelt ein Individuum bzw. eine Organisation ist, umso unterschiedlicher ist auch die Art und Weise, die seelischen Bedürfnisse zu stillen.

- Jeder Mensch möchte *zu einer Gruppe gehören*, in ihr seinen Platz, möchte eine gewisse Bedeutung für solch eine Sozietät haben und ausbauen. Wer bereits lange dazugehört, nimmt sich – meist unausgesprochen – auch mehr Rechte heraus (Anciennitäten-Prinzip). Wer neu in eine Gruppe kommt – z. B. als junger Vorgesetzter –, tut gut daran, bestehende Regeln und Gewohnheiten erst einmal wahrzunehmen, zu respektieren und die Leistungen des Vorgängers und damit der Gruppe zu würdigen. Unsere Bedeutung signalisieren wir – als Ausdruck der inneren Überzeugung – in der Körpersprache. Wir verwenden aber auch Statussymbole wie Titel, Kleidung, Accessoires wie Uhren, Autos etc. Sowohl die kommunizierte Zugehörigkeit als auch das Gefühl des Gemochtseins sind existentiell wichtig für ein gesundes Leben.
- Daraus oder auch daraus ergibt sich ein weiteres seelisches Grundbedürfnis; jenes nach *Sicherheit und Orientierung*. Menschen richten sich nicht nur in Extremfällen stark danach, was andere Menschen sagen, tun oder lassen. Sie sind von Natur aus neugierig; also auch gierig auf Neues. Sie wollen verstehen, was vor sich geht, wie etwas abläuft, warum z. B. die Fische im Fluss gestorben sind usw.

Menschen sind – als wenig a priori geschützte Wesen – immer darauf bedacht, dass ihnen nichts Schlimmes geschieht, dass sie nicht betrogen oder ausgenützt werden. Sie wollen, dass Spielregeln eingehalten werden.

- Menschen wollen *Macht*. Sie wollen weder ohnmächtig sein, noch wollen sie – vor allem nicht, wenn sie freiheitlich erzogen sind – untätig zuschauen bzw. ohne völligen Einfluss sein, wenn etwas geschieht. Sie möchten teilhaben, und sie möchten, dass man ihre Kompetenz akzeptiert, nicht unterschätzt und letztlich auch ausweitet. Menschen wollen lernen. Selbstbestimmte Menschen neigen sofort zu Widerspruch und Widerstand (Reaktanz, vgl. unten), wenn ihnen etwas befohlen wird.
- Schließlich wollen Menschen in ihrem Tun und Leben so etwas wie einen *Sinn*, einen Zweck sehen. »*Wofür ist das alles gut?*« Dabei helfen oft Ideologien wie Religionen oder Weltanschauungen oder andere Überzeugungen und eben oft auch Vorurteile. Sein Tun in den Dienst einer größeren Sache zu stellen, bedeutet auch, dass man die vorhandenen Energien sehr zweckmäßig bündeln kann.
- Und immer möchte der Mensch *Hoffnung* auf eine gute oder bessere Zukunft haben oder behalten.

Wenn die oben dargestellten seelischen Grundbedürfnisse so stimmen, so gibt es darüber hinaus Regeln bzw. Überzeugungen, die das Zusammenleben von Menschen stark beeinflussen. Solche Regeln sind weder je vollständig noch alle gleichermaßen wichtig. Sie sind aber – gerade vor der Frage der Menschenbeeinflussung – zu beachten. Wer dagegen verstößt, macht sich das Leben unnötig schwer.

Eher unsystematisch seien solche Gesetzmäßigkeiten aufgelistet:

- Menschen haben sich ihr Weltbild zurechtgezimmert. Sie wollen es – wenn es irgendwie geht – erhalten wissen (Vorurteile). Jeder Erschütterung dieses Weltbilds setzt sich der Mensch massiv entgegen (Rechthaberei).

- Menschen tun alles, damit ihre Bedürfnisse befriedigt werden. Dabei kommt »erst das Fressen, dann die Moral« (B. Brecht).
- Menschen fühlen sich im solidarischen Verbund mit anderen wohl. Sind sie isoliert, fühlen sie sich schwach und verletzlich (Prinzip der Komplizenschaft). Sie neigen dazu mitzumachen, was andere tun. Und sie bilden in allen Sozietäten sofort Hierarchien.
- Menschen schätzen bzw. wollen Grenzen, Klarheit und Kontrolle.
- Menschen gehorchen dem Gesetz der Reziprozität. Sie tun anderen an, was jene auch ihnen antun, und sie erwarten für eine Leistung eine Gegenleistung.
- Menschen opfern bzw. bestrafen das Abweichende oder das andere – oder sie himmeln es an (Hosianna oder kreuzigt ihn!).
- Menschen sind im Feld der Sexualität immer Opfer und Täter. Zwischen Männern und Frauen laufen uralte, psychobiologische Urprogramme ab (Balz- und Werbungsverhalten, Pairing).
- Menschen verhalten sich bei erlebter bzw. wirklicher Bedrohung und Gefahr fast vorhersagbar (Flight- and Fight-Syndrom).
- Menschen sind bequem und oft ausgesprochen faul. Sie wollen sich nicht anstrengen, um Ziele zu erreichen. Lieber verändern sie ihre Werte und Ziele.

Verstößt ein potentieller Beeinflusser gegen diese in einer Kultur geltenden Regeln, führt das bei den anderen Mitgliedern der Gruppe zu Reaktanz.

Reaktanz oder der innere Widerstand

Bei Menschen, die sich selbstbestimmt, frei und selbstverantwortlich erleben, setzt – im normalen Kommunikationsgeschehen – dann sofort innerer Widerstand ein, wenn man ihnen Befehle gibt. Dieses Phänomen heißt in der Psychologie Reaktanz.

Will man Reaktanz vermeiden, ergeben sich für die Beeinflussung also folgende Gesichtspunkte:

- Man muss die Entscheidungs- bzw. Handlungsfreiheit der Person anerkennen oder gar betonen wie z. B.: *»Es ist Ihre Entscheidung und nur Sie können das für sich beurteilen.«*
- Man sollte Alternativen anbieten (ggf. auch Scheinalternativen – aber: Vorsicht!). Beispiel: *»Wir können Ihnen das eventuell sogar in verschiedenen Versionen anbieten.«*
- Und man sollte mögliche positive Folgen oder den Wegfall von negativen Konsequenzen bei Handlungen aufzeigen bzw. selbst finden lassen. Beispiel: *»Ich denke, Sie erkennen dabei, wie vorteilhaft das auch für Sie ist. Mit ganz großer Wahrscheinlichkeit sind Sie dann in kürzester Zeit Ihre Schmerzen los.«*
- Hat man erst einmal ein Nein kassiert, ist es relativ schwer, einen Gesinnungswandel zu erreichen. Deshalb ist es wichtig, manch einen Abstimmungsprozess länger in der Schwebe zu halten. Haben sich Menschen erst einmal eine Meinung gebildet, neigen sie auch dazu, an dieser festzuhalten.
- Um Reaktanz zu vermeiden, ist es hilfreich, das Wertesystem (geschäftlich, moralisch, politisch) des Gegenübers zu kennen und wirklich innerlich zu respektieren oder aber den Kontakt elegant abzubrechen. Dazu ist es gut, die richtigen, emotional akzeptablen Worte zu verwenden: Zum Beispiel eher sagen: *»Das ist eine interessante Idee, die Sie da äußern.«* statt: *»So was hab ich ja noch nie gehört!«*

Erlaubte und erwünschte Beeinflussungsmöglichkeiten

Was viele Menschen aus einem guten Bauchgefühl heraus richtig machen, ist untersucht, erklärt und damit lehr- und lernbar geworden. Wir möchten vier Quellen vorstellen, um die Vielfalt der erlaubten und erwünschten Beeinflussungsmöglichkeiten aufzuzeigen.

1. Nondirektives Gesprächsverhalten

Ansätze aus der »Klientenzentrierten Gesprächspsychotherapie« (GT)

Aus einer christlich-humanistischen Tradition heraus hat Carl Rogers ein ausgesprochen menschenfreundliches Konzept zum Verstehen und Beeinflussen von Menschen entwickelt. Er geht – wie alle humanistischen Psychologen – davon aus, dass der Mensch in sich enorme Wachstums- und Entwicklungskräfte trägt, die man von außen anregen und sozusagen freilegen muss. Gegen seinen ausgesprochenen Willen kann man, sagt Rogers, einen Menschen nicht beeinflussen. Bedeutsam für die Beeinflussung eines Menschen ist es, ihn mit seinem oft noch nicht geklärten Bild von sich selbst zu konfrontieren; seine Handlungen werden von dem Bild, das er idealerweise von sich hat, geleitet. Und da die Humanistische Psychologie dem Menschen die grundsätzliche Fähigkeit zum Wachsen, Reifen und personalen Voranschreiten zutraut, weiß er auch sehr genau – sei das auch zuweilen verschüttet –, was er tun bzw. lassen sollte. Deswegen empfiehlt Rogers, Menschen so zu beeinflussen, dass man ohne irgendeine Bewertung den anderen Menschen in seiner augenblicklichen Wertestruktur annimmt. Man muss sich dazu in den anderen Menschen hineinspüren und seine Gedanken zu verstehen versuchen. Seine Sicht der Welt muss dem Berater, Therapeuten, Beeinflusser etc. erst geläufig sein, bevor man an die Entwicklungsarbeit herangehen kann. Dazu gilt es die drei Basismerkmale der Gesprächstechnik zu verwirklichen:

- *Echtheit* praktizieren. Dafür haben besonders sensible Menschen ein sehr feines Gespür, wenn das, was man sagt, mit dem, was man fühlt und denkt, übereinstimmt (Kongruenz). In der Glaubwürdigkeit des Anliegens, friedlich ein angemessenes Ziel zu erreichen, wird man als Gesprächs- und Verhandlungspartner angenommen. Im Gegensatz zur unterschwelligen Beeinflussung wird hier einander mit ganz offenem Visier begegnet (Authentizität).

- Die *Akzeptanz* wurde bereits angesprochen. Sie umfasst vorbehaltlose Wertschätzung der Person. Es fällt uns meist schwer, den Menschen von seiner Tat / seinem Tun zu trennen. Es dürfte sich z. B. bei Polizeibeamten als relativ schwierig erweisen, eine Kindermörderin als Person zu akzeptieren, auch wenn man ihr Verhalten, ihre Tat nicht dulden darf.
- Wenn man sich emotional und geistig in einen anderen Menschen hineinspüren kann *(Empathie)*, hat man eben nicht nur Verständnis vom Kopf und Intellekt her, sondern auch Mitempfinden (Bauch, Gefühl). Diese Mitschwingungsfähigkeit ist eine große Kunst. Gute Menschenbeeinflusser können das, ohne dass sie dabei gegen die beiden anderen o. g. Kriterien verstoßen. Wenn man wirklich ein guter Kommunikator ist, kann man sogar dem Gegenüber durch ein gewisses Spiegeln seiner Art und Weise zu einem besseren Verständnis seiner Lage verhelfen. Beispiel: »*Sie sagten, es täte Ihnen leid und Sie würden auch lieber anders vorgehen.*« Hier findet dann durchaus Lenkung statt: Solche Fragen bzw. offene Gedanken veranlassen den anderen, in der vorgegebenen Thematik weiterzudenken.

Neben den Basismerkmalen gibt es ein paar recht einfach verstehbare, aber nicht so leicht praktizierbare weitere Unterprinzipien:

- Ich nehme den anderen als Person in seinem momentanen Anderssein voll an.
- Ich enthalte mich irgendwelcher Wertungen, möglichst auch meiner eigenen Meinung (zumindest gilt das für den Anfang eines Gesprächs).
- Ich verzichte auf Kritik am Verhalten des Gegenübers.
- Ich habe Interesse am Denken, Handeln etc. des Gegenübers.
- Ich höre aktiv zu und vergewissere mich, ob ich den anderen wirklich verstanden habe.
- Ich verstärke mir Wichtiges selektiv bzw. für die Klärung des Problems Bedeutsames.

- Ich stelle offene Fragen.
- Ich verzichte auf Interpretation.
- Ich spreche Gefühle bzw. veränderte Gefühlslagen mithilfe von Ich-Botschaften an.
- Ich bemühe mich, echt, also authentisch und offen, zu sein.

Bei dieser Art des Vorgehens der Menschenbeeinflussung dürfen auch Ärger, Enttäuschung und Zweifel geäußert werden. Es ist immer eine Gratwanderung, den anderen nicht zu verprellen und zugleich die eigenen Gefühle nicht permanent zurückhalten zu müssen. Für die eigene Psychohygiene ist es sehr wichtig, sich angemessen entlasten zu können, ohne dabei auf Kontrolle oder Souveränität verzichten zu müssen. Eine Beziehung, die auf einem Mindestmaß an wechselseitigem Respekt und gegenseitiger Achtung basiert, ist hinsichtlich Direktheit und Offenheit i. d. R. erstaunlich belastbar.

Nicht selten entsteht nach besonders schwierigen Gesprächs- und Verhandlungssituationen – also erst im Nachhinein – eine gute Beziehung der ehemaligen Kontrahenten zueinander.

2. Neurolinguistisches Programmieren (NLP)

Wir wissen nicht genau, ob Gefühle Gedanken oder Gedanken Gefühle provozieren. Wir wissen aber, dass die jeweilige Stimmung neurophysiologische Korrelate im Gehirn hat und dass aus solch einer Gestimmtheit Wortwahl und Klang einer Botschaft resultieren. Anders formuliert: Wer auf jemanden sauer ist, wird – trotz größtem Bemühen – andere Worte und einen anderen Stimmklang finden als jemand, der demselben Menschen gegenüber neutral oder gar wohlwollend gegenübersteht. Schlechte, ängstliche, aggressive Stimmung lässt auch eher negative, ablehnende oder kämpferische Äußerungen entstehen – übrigens sprachlich wie nicht sprachlich: Der Körpersprache kommt sogar eine besonders wichtige, weil unterschwellig wirkende Bedeutung zu.

Bevor ich in konfliktträchtigen Situationen mit dem anderen Menschen aktiv in Verbindung trete, sollte ich so viel wie möglich von seiner Person und jetzigen Situation erfahren, wenn möglich. Man sollte sich also auf diese Person einstellen. Das wird auch *Kalibrieren* genannt; so wie man ein Gerät / einen Sender richtig einstellen muss, um einen guten Empfang zu gewährleisten.

Konkret können sich folgende Fragen stellen:

- Welche Ziele hat der Mensch jetzt wohl?
- Was ist das für ein Mensch? Kann man etwas über seine private oder berufsspezifische Geschichte herausfinden?
- Welche Werte bedeuten ihm etwas?
- Welche Menschen stellen für ihn noch Ansprechpartner dar?
- In welchem emotionalen Zustand befindet er sich zurzeit?
- Welche Nationalität, Konfession hat er?
- Ist er allein?
- Hat er so etwas schon einmal oder öfter getan?
- Ist er alkoholisiert, ausgeschlafen, normal?
- Hat er einen klaren Plan – oder könnten seine Motive auch sein, dass er durch sein Handeln nur Aufmerksamkeit erreichen will?
- Kennt er den Verhandlungspartner? Wie gut? In welcher Rolle?
- Ist bereits Kontakt zur Öffentlichkeit / zu anderen / zu den Medien hergestellt? usw.

Das Kalibrieren dient also der erfolgreichen Kontaktaufnahme. In dieser Phase kann man gut Gemeinsamkeiten ansprechen, kann Beobachtungen oder Geäußertes wiedergeben und problematisieren. Es geht noch nicht um die Sache.

Um Menschen geschickt bzw. umfassend zu beeinflussen, muss man sie verstehen, nicht nur intellektuell. Auch wenn mir die Motive seines Handelns längst nicht alle klar sind und ich vorsichtig mit meinen Vermutungen bin, werde ich mich als guter Kommunikator bemühen, mit meinem Gegenüber einen gewissen Gleichschritt *(pacing)* aufzunehmen: wenn er ruhig ist, bin ich auch ruhig; wenn er hektisch ist, kann ich auch etwas mit meiner natürlichen Eiligkeit operieren. Wenn jemand eine Forderung stellt, werde ich sie nicht kommentieren, sondern erst einmal nur zur Kenntnis nehmen und ggf. nach näheren Details fragen. Was mir zeigen kann, wie intensiv der Forderer seinen Plan strategisch umzusetzen gedenkt. Pacing bedeutet, dass ich neben der kognitiven also eher intellektuellen auch die emotionale und soziale Befindlichkeit mitfühlen muss. Was in der Gesprächspsychotherapie allgemein als Forderung der Empathie angesehen wird, wird beim NLP in dieser Phase auch im nicht sprachlichen Bereich praktisch ausgeübt: Ich spreche in Bezug auf Tonfall, Stimmlage und Dialekt ähnlich wie mein Gegenüber; ich sitze, atme so; ich verwende (noch) dieselben Begriffe, aber keine Fäkalausdrücke; ich versuche, ohne mich völlig zu verkünsteln, mit ihm Gleichklang herzustellen.

Dieser Schritt geht unmerklich in die dritte Phase über: dem eigentlichen Beeinflussen *(leading)*. Sprachlich kann das so aussehen, dass man auf seine Äußerung erst einmal Zustimmung signalisiert und dann ein weiterführendes Argument, das meiner Zielsetzung dient, nachschiebt. Ein Abteilungsleiter schimpft: *»Diese blöde Kuh! Ich wollte nur freundlich sein und sie bezichtigt mich der sexistischen Anmache!«* Eine angemessene Entgegnung kann sein: *»Hhm, Sie waren überzeugt, dass Frau XY Ihre Freundlichkeit auch als eine solche verstehen würde, und dachten gar nicht daran, dass sie Ihr Verhalten auch ganz anders interpretieren könnte. Nun sind Sie ärgerlich und meinen, das läge an Frau XY?«*

Beim Leading ist ein Grundgedanke, dass sich freie Menschen, die sich als erwachsen, selbstverantwortlich, selbstbestimmt erleben, nicht oder nur unter sehr seltenen Umständen zu einer Verhaltenskorrektur zwingen lassen. Es entsteht Reaktanz, wenn ich mein Gegenüber kritisiere oder gar von ihm fordere, sein jetziges Verhalten, das ja eine Geschichte hat, einzustellen. Gelingt es mir aber, das ursprüngliche Verhalten systematisch und konsequent durch kleine Schritte zu ändern, kann ich auch längerfristig eine völlige Kurskorrektur erzielen. Bildlich könnte man das folgendermaßen darstellen:

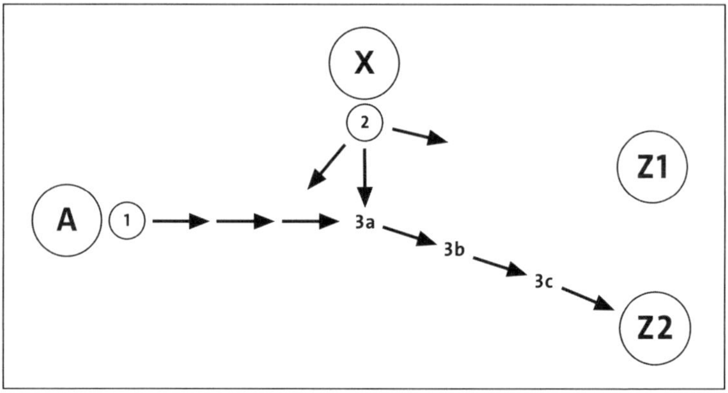

Ein Mensch (A) bewegt sich (Pfeil 1) konsequent auf ein Ziel (Z1) hin. Person X (Beeinflusser) erkennt bzw. befürchtet, dass es ein Fiasko gibt, wenn die Person weiter in dieselbe Richtung läuft. Am liebsten würde er »befehlen«, eine Richtungs- oder gar eine Kehrtwendung (Pfeil 2) zu vollführen. Da er aber um das Phänomen Reaktanz weiß, setzt er – u. a. durch die Ja-und-Technik – frühzeitig eine geringfügige Kurskorrektur (3a) ein, was den Menschen zu einem veränderten Verhalten bringt; dann folgt 3b, 3c usw. *(Overlapping)*, bis der Mensch die Kurskorrektur in Richtung Z2 vollführt hat.

Um Zwischenziele oder -ergebnisse zu sichern, ist es zweckmäßig, zuweilen Pflöcke einzuschlagen oder Anker zu werfen. *Anchoring* nennt sich dieser Vorgang in der Sprache des NLP. Dabei werden Übereinkünfte sprachlich oder gar materiell festgehalten. Das kann auf sehr unterschiedliche Weise geschehen. Die aufgeführten Beispiele dienen der Erläuterung.

- Man fertigt ein Zwischenprotokoll, eine vorläufige Vereinbarung wie etwa einen Vorverkaufsvertrag an.
- Man verlagert nach einem gewissen Vor-Ergebnis den Verhandlungsraum.
- Man organisiert nach einer ersten Übereinkunft eine Pressekonferenz oder einen Fototermin und informiert die Öffentlichkeit etc.

- Man sagt dem Partner (dem »schwierigen Menschen«) in dieser Phase zu, noch nichts an den Vorstand weiterzumelden.
- Man vereinbart nach einer Bestandsaufnahme, dass keiner mehr für die nächsten zwei Tage schlecht über den anderen spricht.

Wichtig ist, dass die – zuweilen öffentlich gemachte – Zäsur keinen Rückfall hinter bereits erreichte Positionen ermöglicht. Außerdem ist das Anchoring eine gewisse Selbstverpflichtung, wie ein gegebenes Ehrenwort.

Bei der dachziegelartigen Ja-und-Intervention kommt es wie beim Verhandeln dazu, dass jede noch so kleine Aktion eine begleitende, folgende Reaktion erfährt, oder anders: Jede Zustimmung meinerseits, die ja Zuwendung und Bestätigung bedeutet, wird damit bezahlt, dass sie ein Entgegenkommen seinerseits im Sinne einer minimalen Kurskorrektur erfordert. Dieser Prozess kann lange andauern, von Minuten bis zu Tagen, gar Wochen, wie z. B. bei Friedensverhandlungen. Hier greift – zumindest dort, wo nicht beide Partner Kommunikationsprofis sind – das unterbewusst wirkende Prinzip der Reziprozität: Tust du mir was Gutes, tu ich dir was Gutes.

Das Leading gelingt dort ganz besonders gut und intensiv, wo es nicht bemerkt wird. Es erhält einen fast spielerischen Anklang, der natürlich immer auch um Macht kreist.

Grundprinzip des NLP, was diesen Aspekt angeht, ist es also, durch Nähe und Verständnis einen gewissen Gleichklang zu erzielen, der dann genutzt werden kann (wenn der »Fisch gebissen hat«), die Einsichts- oder Verhaltenskorrektur zu bewirken (und den »Fisch ganz vorsichtig einzuholen!«). Wichtig ist, dass man sich auch nach dem Gesprächs- oder Verhandlungsergebnis – wechselseitig – über den gesamten Gesprächsverlauf positiv, kreativ und fair austauscht.

3. Unterschwellige Beeinflussung

Manipulation hat einen sehr schlechten Klang: es riecht nach Übervorteilen, Betrug und Tricksen. Manus, der lateinische Begriff für die

Hand, stand Pate für die Wortschöpfung der Manipulation – der Handhabung. Grenzen wir ab: Die negative Manipulation im landläufigen Sinn umfasst einige Kriterien. Sie will:

- einen psychologischen Zwang zum Handeln aufbauen dadurch, dass sie an unterschwellige Trieb-Instinkte wie Eitelkeit, Machtstreben etc. appelliert,
- erst Unsicherheit erzeugen, um hinterher die Sicherheit des Manipulators als einzige gute Möglichkeit darzustellen,
- die wahren Ziele verschleiern; ebenso bleibt der Prozess der Beeinflussung für den Partner meist verborgen,
- im Kern nur ein Ziel erreichen: den Vorteil des Manipulators,
- Emotionen wecken und nutzen; oft auch bei vielen Menschen gleichzeitig. Damit bewirkt sie (z. B. als Demagogie) einen gruppendynamischen Prozess, der letztlich auf den Abbau einer differenzierten Betrachtungsweise hinausläuft.

Die intensive Wirkung einer solchen Manipulation beruht im Wesentlichen auf einem gewissen Unterwerfungsverhältnis: Der Manipulierte wird oder bleibt abhängig, unmündig. Solche Formen von Beeinflussung lehnen wir ab.

Bei der guten Manipulation (wir wollen sie hier unterschwellige Beeinflussung nennen) geschieht ebenfalls für den Beeinflussten vieles unterbewusst; er kann und soll im Moment die Mechanismen der Beeinflussung nicht erkennen.

Aber folgende Kriterien werden erfüllt:

- Der Beeinflusste wird in seiner Person und Würde, in seinen Bedürfnissen und Zielen ernst genommen und respektiert.
- Das Ergebnis des Beeinflussungsprozesses ist ein Ausgang, der nicht gegen Sitte und Gesetz verstößt, also für beide Seiten von Vorteil ist.
- Es werden – im Extremfall (z. B. eine Kindesentführung) – auch

Versprechungen gegeben, die – zur Erreichung eines höheren Zieles (Lebensrettung) – ggf. nicht eingehalten werden müssen. Dies ist aber hinterher zu offenbaren.
- Sie soll dazu dienen, gerade in kritischen oder schwierigen Situationen, einen Menschen erfolgreich dazu zu bringen, etwas Bestimmtes zu tun bzw. zu lassen – und vor allem einen Schaden abzuwenden.

Wie kann das konkret aussehen?

- Erst einmal sollte man erkennen, dass jede! zwischenmenschliche Interaktion Beeinflussung will. Längst bevor wir den Mund aufgemacht haben, hat unser Auftritt eine bestimmte Stimmung erzeugt: Aussehen, Kleidung, Accessoires, ggf. Rangabzeichen oder Titel bewirken einen gewissen (positiven oder negativen) Eindruck beim Gegenüber (über sein Wirkbewusstsein sollte man Klarheit haben; vgl. allgemeine Gesprächsbedingungen).
- Dann ist es wichtig, von Anfang an nicht in eine Kampfhaltung zu kommen. Je fremder mir ein zu beeinflussender Mensch ist, umso mehr werde ich mich auf Allgemeinplätze zurückziehen: Aussagen von hohem Allgemeinheitsgrad bewirken eher eine Zustimmung. Beispiel: »*Sie haben jetzt eine Situation geschaffen, in der Sie im Grunde genommen* (suggerierte Einschränkung) *bestimmen, wie's weitergehen sollte* (wieder: Abschwächung).« Oder: »*Du wirst mit Sicherheit tun, was du in deiner Situation für richtig hältst. Lass uns mal gemeinsam überlegen, welche Alternativen es gäbe. Du hast doch sicherlich darüber nachgedacht?*« Oder: »*Sie sind beide vernünftige Männer* (Appell an Vernunft und ggf. »Fairness«)*; Sie spüren wahrscheinlich auch, dass dieser Zustand keinem nützt und dass man* (wer?) *hier wohl anders, besser vorgehen sollte als bisher.*«
- Damit ist der dritte Schritt eingeleitet: Man will Zustimmung und Akzeptanz. Gelingt es dem Beeinflusser bei seinem Gegenüber erst einmal, eine minimale Ja-Sage-Tendenz zu erzeugen, sind Anfangshindernisse beseitigt – man kommt rascher voran. Das heißt nicht,

dass man sich immer oder ständig darum bemüht, dass der Andere »Ja« sagt! Es geht um das Einstiegs-Ritual. Das Ernstnehmen der momentanen Befindlichkeit des Gegenübers ist zu erspüren und aufzunehmen. Das könnte auch lauten: *»Sie fragen sich jetzt sicherlich auch, was* mich *das angeht.«* Es entsteht fast der Eindruck, als könne der Beeinflusser Gedanken lesen. Man könnte z. B. auch sagen: *»Jeder von euch fragt sich sicherlich, wie dieser Streit so beendet werden kann, dass keiner einen großen Nachteil hat.«* Hier wird – erstens – suggeriert, dass der Streit beendet wird – darüber wird nicht mehr diskutiert –, und – zweitens –, dass jeder einen gewissen Nachteil akzeptieren muss. Und drittens wird die Kampfhaltung ansatzweise in eine Neugierhaltung transformiert.

- Als vierter Schritt ist die *Kompetenz* des Gegenübers zu locken bzw. unterschwellig anzusprechen. Hier werden sublim Schwächen wie Eitelkeit, Tatkraft, Entscheidungswille, Größenwahn oder Geltungsbedürfnis angeregt und genutzt. In einer eher unauffälligen Art und Weise, fast nur im Nebensatz, wird die scheinbare, gewünschte oder wirkliche Kompetenz des Gegenübers thematisiert. *»Es ist jetzt ganz schwer für Sie, hier als Vater zu sitzen, und Sie werden jetzt bestimmt – wie immer – den besten Weg für Ihre Familie suchen.«* Oder: *»Es tut Ihnen sicherlich auch als Mann gut, dass Sie von den Frauen beachtet und akzeptiert werden. Zugleich (!) müssen diese Frauen sich auch 100 % darauf verlassen können, dass Sie …«*
  Wenn man hier zu dick aufträgt, wird das als billige Schmeichelei empfunden. Also: dezent. Als Klischee könnte man sagen, dass Männer gern auf ihre Ritterlichkeit oder Fairness, ihren Mut bzw. ihre Schläue angesprochen werden wollen. Bei Frauen scheint man mehr Erfolg zu haben, wenn man sie auf ihre Fürsorgehaltung, ihren Gerechtigkeitssinn, das pflegerisch-schützende Moment oder auf ihre Attraktivität anspricht. In jedem Fall ist es hilfreich zu wissen oder zu ahnen, wo der »Trigger« (engl.: »Abzug einer Waffe«) beim Gegenüber ist; wie seine Eitelkeitsstruktur, seine »Machtwünsche« aussehen. Wenn man hier kitzelt, kommen oft überraschende

Zugeständnisse hervor. Immer ist es auch das Ziel solch eines Gesprächs, die Mit-Verantwortung für das weitere Geschehen für das Gegenüber herauszustellen: »*Was immer geschieht, es hängt auch von Ihnen ab, ob das Ende gut sein wird!*«

- In einem weiteren fünften Schritt ist sehr konkret deutlich zu machen, welche Vorteile das Gegenüber hat, wenn er den von mir vorgeschlagenen Weg geht, der vernünftig und relativ schmerzarm ist. Dabei sollte der Beeinflusser auf keinen Fall seinen eigenen Vorteil verschweigen oder trivial runterspielen. Menschen in schwierigen Situationen verfügen über ein sehr feines Gespür, um zu erkennen, ob sie »gelinkt« werden sollen. Beispiel: »*Wenn wir später mal auf diese Tage zurückschauen werden, werden wir feststellen, dass das eine harte Zeit war. Aber wir werden sie gut überstanden haben – und wir können auf diese Leistung stolz sein!*« Oder: »*Es ist meine Pflicht abzuklären, wo hier was nicht den abgesprochenen Regeln gemäß läuft!*« Gelänge es, den gemeinsamen Vorteil entstehen zu lassen, ihn also nicht aufzunötigen, wäre das ein gutes Ergebnis eines geschickten Vorgehens. Jede Lösung außer einer Kurzschlusshandlung beinhaltet eine Chance für alle Seiten.
- Als letzten Schritt – theoretisch könnte man die Schritte 5 und 6 auch vertauschen – wären auch gewisse (nicht alle!) Widerstände *bzw.* Gegenargumente zu artikulieren; auch dies erhöht die Glaubwürdigkeit.
  Beispiel: »*Es würde nach einer vorläufigen Einigung auch bedeuten, dass jeder von Ihnen sich selber zwingt, dann nichts Negatives mehr über den anderen zu erzählen.*«
  Oder: »*Natürlich hätte das gewisse unliebsame Konsequenzen für Sie, die aber jetzt sicherlich nicht so gravierend sind wie wahrscheinlich später.*«
  Oder: »*Sie werden wahrscheinlich Schwierigkeiten haben, diese Ergebnisse in Ihrer Partei zu vermitteln. Wenn Sie überlegen, welche Vorteile dieser Beschluss aber langfristig für die Region hätte … Und Sie wären der Initiator dieser Entwicklung …*«

Es macht sich immer gut, sich zu bemühen, auch die Befürchtungen oder Ängste des Gegenübers zu »erahnen«, sie anzusprechen und ggf. auszuräumen. Sicherlich kann es auch in einem geschickten ersten Unterschritt günstig sein, sogar Widerstände zu provozieren, um dann im zweiten Schritt – sozusagen als Entgegenkommen auf das Entgegenkommen – eine Nachgiebigkeit zu erfahren.
Beispiel: *»Hör zu, Peter: Du legst jetzt das Messer weg...* (das wird er ablehnen) ... *dann öffne die Tür, damit wir uns sehen* (das könnte er dann tun) ...« Oder: *»Gut, Herr X ... ich erwarte von Ihnen jetzt eine völlige Aufklärung!* (Widerstand) ... *Dann sagen Sie mir bitte wenigstens, wie es zu dem Vorfall* (Vertragsabschluss M...) *gekommen ist.«*
Dahinter steckt das psychologische Ur-Programm der Reziprozität: Wenn jemand einer Bitte oder Aufforderung nicht nachkommen will (Widerstand), dann dafür aber ein gewisses Verständnis erfährt, ist er bei einer zweiten freundlich-bestimmt vorgeschlagenen Bitte eher bereit, den Erwartungen zu folgen.

Weitere, unterschwellige Beeinflussungs-Techniken

Man kann Reihenfolgen initiieren, indem man eine zugesagte / vereinbarte Tätigkeit gleich mit einer zweiten verbindet, die eigentlich noch nicht abgesprochen ist. *»Gut, Sie haben sich zum einen bereit erklärt, dem Team mitzuteilen, wer von Ihnen in Zukunft ...«* Oder: *»Nach dieser Entscheidung folgt logischerweise als Konsequenz, dass ihr dann ...«* Hier wird unterschwellig eine Folge von Handlungen suggeriert, die deshalb wirkt, weil der zu Beeinflussende ja den ersten Teil der Aussage bereits akzeptiert und die »sanfte« Anbindung des zweiten Teils dann gar nicht in Zweifel zieht.

Ähnliches gilt für Und-Verbindungen. Man kombiniert den eher unangenehmen zweiten Teil. Beispiel: *»Wir sind bereit, Ihnen einen Kredit zu gewähren und Sie überlassen uns ...«*

Ein drittes Verfahren könnte hier als Vorgehen nach der Logik bezeichnet werden. Gelingt es dem Beeinflusser, seinen Partner zu einer – durchaus nicht einfachen – Handlung zu bewegen und dieses wird in irgendeiner Form öffentlich, dann muss der Beeinflusste seine Haltung/Meinung begründen (vor sich und vor anderen). Infolge davon kann man dann von ihm einen weiteren Schritt erwarten. Und er wird ihn tun, um sein vorheriges Verhalten zu rechtfertigen. Beispiel: »*So, ihr habt jetzt schriftlich niedergelegt, welche Sachen aus dem Erbe zum Verteilen kommen sollen. Daneben habt ihr die Liste mit den bisher bereits verteilten Erbsachen erstellt. Jetzt soll jede Partei jedem Posten eine Punktzahl geben (jeder hat 100 Punkte zu vergeben) – und nach dieser Bewertung können dann die Sachen verteilt werden.*«

Oder: »*Sie haben die schriftliche Erklärung ans Schwarze Brett gehängt. Jetzt macht es sicherlich Sinn, wenn Sie in der Arbeitsgruppe ›Sexuelle Belästigung am Arbeitsplatz‹ mitwirken.*«

Diese drei Vorgehensweisen folgen dem Prinzip der Konsistenz (vgl. Cialdini).

Nach dem Prinzip der sozialen Bewährtheit suggeriert man dem zu Beeinflussenden, dass man mit einer bestimmten Vorgehensweise bisher immer Erfolg hatte oder dass z. B. alle namhaften Personalbüros ein derartiges Auswahlverfahren bevorzugen oder dass wegen des großen Andrangs bereits Wartelisten bestehen. Beispiel: »*So, Ihr Chef hat Sie hierher›beordert‹. Eigentlich wollen Sie nicht hier sein und andererseits stehen bei mir Menschen mit sehr unterschiedlichen Problemen Schlange. Da wir bereits sehr vielen Menschen haben helfen können, darf ich Sie bitten, mal aus Ihrer Sicht kurz darzustellen, welche Vorwürfe man Ihnen macht.*«

Oder: »*Der Herr Dr. XY hat eine reiche Erfahrung mit jungen Erwachsenen. Wenn du jetzt so verzweifelt bist, solltest du in diesem Zustand keine unumkehrbare Entscheidung treffen. Ich schieb dir mal die Telefonnummer von Dr. XY unter der Tür durch. Ruf ihn auf alle Fälle mal unverbindlich an.*«

Hier wird zugleich auch das Prinzip der Fachautorität eingesetzt; der Anschein von Autorität bzw. die wirklich akzeptierte Kapazität auf diesem Gebiet wird bemüht, um eine gewünschte Beeinflussungsrichtung zu steuern.

4. Umdeuten

Immer wieder haben wir es mit Menschen zu tun, die eher negativ gepolt sind und insofern schwierig sind, als sie oft klagen, unzufrieden, unsicher sind und ihr Augenmerk stets auf das legen, was nicht so ist, wie sie es sich vorstellen möchten. »Die Welt ist schlecht und meint es schlecht mit mir« könnte man diese Haltung umschreiben. Oder: Wie es in der Transaktionsanalyse nach Berne heißt: »Ich bin nicht o. k. – Du bist nicht o. k.!« Am liebsten würde man solche Gesprächspartner »links liegen lassen« oder sich ihnen mit einer kleinen Notlüge entziehen. Aber es gibt eine probate Methode, sie zu beeinflussen: Indem man sie verbal »zwingt«, ihren Blick auf etwas Konstruktives und Positives zu lenken. Denn wir wissen: Wer in einem Gespräch die Fragen stellt, führt das Gespräch. Und wir können mit geschickten Fragen die Stimmung unseres Gegenübers erheblich verändern. Dieses Verfahren wird als Umformulieren oder mit den Worten der NLP als Reframing, heißt in einen anderen Rahmen setzen, bezeichnet. Dazu sollen die auf Seite 35 aufgeführten kurzen Gesprächsabschnitte als Beispiele dienen. Die jeweils obere Aussage wird durch die untere neu formuliert.

Vielleicht wird deutlich: Die negativ besetzten Worte werden nicht wiederholt, sondern durch positivere ersetzt. Es werden Fragen gestellt, die den »Beschwerdeführer« zum Entscheiden und Handeln stimulieren sollen. Seine Lage wird aber widerspruchslos erst einmal akzeptiert. Und es besteht das Bemühen, das Verhältnis zueinander nicht zu belasten.

Verhalten zu beeinflussen gründet sich heute im Wesentlichen auf Überzeugungen: Wir bemühen uns, Menschen zu überzeugen, nicht zu überreden oder gar zu manipulieren. In einer Demokratie müssen und können wir uns mit den Überzeugungsinhalten in Politik, Erziehung, Wirtschaft und Kultur qualifiziert auseinandersetzen. Beeinflussen, Überzeugen und Einstellungen verändern ist ein hochkomplexes, zwischenmenschliches Geschehen, das eng mit den ur-menschlichen Bedürfnissen gekoppelt ist.

- »Es lässt mich doch völlig kalt, was Sie von mir denken.«
  »Hhm, das ist Ihnen nicht so wichtig. Ist das generell so bei Ihnen – oder ist es nur bei mir so? Benötigen Sie kein Verständnis?«
- »Die Blödmänner da oben machen doch sowieso nur, was ihnen nützt!«
  »Sie sind der Meinung, dass unsere Politiker nur ihren Vorteil im Auge haben? Kennen Sie einen Politiker persönlich? Und was denken Sie, sollten sie tun?
- »Können Sie sich nicht mal etwas klarer ausdrücken?«
  »Sie vermissen eine klare Aussage dazu? Zu welchem Detail hätten Sie denn eine genauere Aussage von mir?«
- »Mein Chef ist ein richtiges A...«
  »Sie mögen ihn nicht so richtig. Was sind denn seine Stärken?«
- »Ich habe letztlich keinen Schlag bei Männern. Wahrscheinlich bin ich denen zu groß.«
  »Sie meinen, es läge an Ihrer Größe? Was ist denn attraktiv an Ihnen? Nennen Sie mir doch mal drei Eigenschaften.«
- »Meine Krankheit macht mir immer wieder zu schaffen und ich werde wahrscheinlich nie wieder gesund!«
  »Sie machen sich Sorge um ihre Gesundheit. Was wäre denn ganz anders, wenn Sie sich völlig gesund erleben würden?«
- »Mit der habe ich nichts wie Ärger. Das ist eben eine blöde Kuh!«
  »Ja, Menschen sind sehr verschieden. Was genau hätten Sie denn gern anders bei ihr?«
- »Ich weiß nicht ... ich bin da total unsicher, wie ich ...!«
  »Sie wüssten gern, was jetzt das Beste für Sie wäre? Welche Gesichtspunkte möchten Sie denn für eine Entscheidung berücksichtigen?«
- »Glauben Sie ja nicht, mich für doof verkaufen zu können!«
  »Sie haben das Gefühl, dass ich Ihnen das nicht zutraue? Welches wäre denn für Sie die beste Entscheidung?«

Kapitel 2
Gut dosieren: Lob und Tadel

Um Menschen zu beeinflussen, werden sehr unterschiedliche Strategien angewendet: Lob und Tadel stellen wohl die bekanntesten Erziehungsmittel bzw. -maßnahmen in der Pädagogik dar. In der Sprache der Lern- und Verhaltenspsychologie werden diese Verfahren allgemein mit Verstärkern bezeichnet: Welche Maßnahme führt dazu, dass in Zukunft ein Verhalten entweder häufiger eintritt oder aber eliminiert wird, also verschwindet?

Wieder ist die Frage, was der Mensch will. Er möchte nicht allein sein, will beachtet werden und wirksam sein. Schon das Kleinkind verfügt über eine Funktionslust. Es freut sich daran, mit der Klapper zu spielen, Geräusche herzustellen und Aufmerksamkeit bzw. Zuwendung zu erzielen. Der Erwachsene ist da nicht wirklich anders: Auch er will von seiner Umwelt zur Kenntnis genommen werden, er möchte dazugehören und mit seinem Verhalten etwas erreichen: Anerkennung und Interesse erzeugen; vielleicht Bewunderung (bis zur Anbetung) erzielen. Er möchte wahrgenommen, gesehen, beachtet und im Extremfall geehrt bzw. verehrt werden. Menschen möchten – vor allem zum Ende ihres Lebens hin – in ihrer Lebensleistung gewürdigt werden. Stets haben Gesellschaften / Sozietäten sehr raffinierte Formen gefunden, einen besonders treuen und tüchtigen Mitmenschen durch Orden, Titel oder Privilegien vor anderen auszuzeichnen. Da wir Menschen animalische oder soziobiologische Bedürfnisse nach Hierarchien in uns tragen (wir sind Rudeltiere!), ist dieses Bedürfnis immer durch die Mächtigen genutzt worden, um die Nachgeordneten zu noch mehr Leistung oder Wohlverhalten anzuregen. Man denke an stark hierarchisch gegliederte Organisationen wie Militär, Beamtenschaft, Kirche, Polizei – aber auch andere uniformierte Berufe mit ihren vielfältigen Rängen und Möglichkeiten der Privilegien-Zuteilung.

Beim Aussprechen des Lobes sind wenige wichtige Grundaussagen bedeutsam:

Mit Lob (und Strafe) ist so vorsichtig umzugehen wie mit dem Gewürz in der guten Küche: gekonnt, dosiert, sparsam. Hier gilt: Weniger ist mehr!

Weiterhin: Wer lobt? Die Wirkung von Lob hängt sehr davon ab, ob man den Lobenden respektiert, ihn als Experten und als Menschen ansieht, den man wegen seiner eigenen Kompetenz und Leistung schätzt. Auch ist das Lob als Anerkennung durch einen vielseits geachteten und geschätzten Menschen z. B. in einer Branche von besonderer Bedeutung.

Dann: Lob gibt es nur für besondere Leistungen, nicht für Selbstverständlichkeiten. Die außergewöhnliche, große oder tapfere Leistung wird belohnt.

Und: Lob sollte (betriebs-)öffentlich sein. Lob ist ein psychosoziales Phänomen, das im Allgemeinen kommuniziert sein will. Allerdings wird in der Partnerschaft das Aussprechen einer Anerkennung (siehe unten) unter vier Augen bereits als sehr positiv erlebt.

Im betrieblichen Bereich wird Lob rasch zur Worthülse, die sich rasch abnutzt, wenn der Vorgesetzte undifferenziert alle gleichermaßen lobt und sich so bei vielen beliebt machen möchte. Das Gegenteil wird der Fall sein: Er ist innerhalb kurzer Zeit nicht mehr respektiert. Es ist ein Irrglaube, dass Chefs ihre Mitarbeiter ständig loben sollen, damit sie die Lust an der Arbeit bewahren. Berufstätige haben einen Vertrag mit der Firma abgeschlossen. Darin verpflichten sie sich, gute Arbeit gegen Geld abzugeben. Das hat dann weniger mit Lust als mit Pflicht und Verantwortung zu tun. Die Gewohnheit im Sinne von Selbstverständlichkeit ist wichtiger als der irrige Glaube an die motivierende Kraft des Lobens. (Als Karikatur: »*Oh, wie schön, du hast dir die Zähnchen geputzt. Da freut sich aber die Mama.*«)

Und schließlich ist bedeutsam, wie ein Lob ausgedrückt wird. Vergleichen wir zwei Aussagen. Ein Mann sagt zu seiner Frau am Mittagstisch: »*Du hast aber gut gekocht!*« Und ein anderer Mann sagt: »*Es schmeckt mir besonders gut!*« Im ersten Fall schwingt sich der Mann (er ist kein Kochexperte!) dazu auf, die Leistung seiner Frau – von oben herab – zu beurteilen und ihr »gnädig« eine Anerkennung auszusprechen. Vielleicht hat sie aber gar nicht gut gekocht, sondern nur ein Dosengericht warm gemacht? Im zweiten Fall hat der Mann hoch kompetent über seinen Geschmack berichtet, dass ihm das Essen schmeckt. Damit ist das Prinzip der Reversibilität angesprochen: Lob sollte nicht ohne Kompetenz des Lobenden erfolgen, sondern möglichst auf der Ebene seiner Sachkenntnis oder seiner gesellschaftlichen Rolle z. B. als Landrat oder Aufsichtsratsvorsitzender, objektiv die Leistung beschreibend. Reversibel ist ein Verhalten immer dann, wenn es umkehrbar ist. Beim Lob kann der Chef sagen: »*Das hat mir gut gefallen, wie Sie die Verhandlung geführt haben.*« Der Mitarbeiter könnte ebenso – auf gleicher Ebene – zu seinem Vorgesetzten sagen: »*Was Sie da im Interview gesagt haben, hat mich sehr beeindruckt!*« Wie anders klingt das, wenn ein Chef sagt: »*Meier, gute Leistung! Prima!*« und dem Mitarbeiter dabei anerkennend die Hand auf die Schulter schlägt. Kann der Mitarbeiter sich seinem Chef gegenüber auch so benehmen? Oder wäre der Chef über diese Anmaßung pikiert?

Menschen und Kollegen wissen meist sehr genau, welche Leistung wirklich eine beachtliche Leistung darstellt und damit lobenswert ist. Man sollte zudem nicht vergessen, dass psychische gesunde Menschen – das gilt besonders auch für den kindlichen Bereich der Schule – gern gute Leistungen produzieren.

Es gibt in der Menschenbeeinflussung eigentlich nur zwei größere Bereiche, in denen verstärktes Lob eine motivierende Bedeutung hat: Kinder und junge Leute, die noch über wenig Erfahrung verfügen, benötigen Lob und Anerkennung, um sich auf dem richtigen Weg zu fühlen. Das gilt bedingt auch für neue Mitarbeiter, die sich erst einarbeiten müssen. Und der zweite Bereich ist die therapeutische Verstärkung auch kleinster Fortschritte bei ängstlichen Menschen oder solchen, die gerade eine schwere persönliche Krise durchmachen und eine neue Orientierung benötigen.

Richtig ist wohl aber auch, dass besonders eitle und dumme Menschen gern auf Schmeicheleien hereinfallen. Erinnert sei an die Fabel: »Der Fuchs und der Rabe«, die Lafontaine so schön erzählt hat. Lob kann süchtig machen. Und wer von klein auf ständig für alles Mögliche durch Lob motiviert wurde, ist wahrscheinlich auch als Erwachsener abhängig von anderen Menschen, die ständig sein Selbstwertgefühl stabilisieren sollen. Wer viel in der Öffentlichkeit steht wie Schauspieler, Politiker, Prominente etc., scheint die öffentlichen Huldigungen als ständige Stimulanz für sein Strahlen zu benötigen.

Im Folgenden finden Sie einige Beispiele für angemessenes und unangemessenes Loben. Dabei ist allerdings immer die jeweilige Beziehung mitzudenken: Sind die beiden Protagonisten gleichrangig oder besteht ein hierarchischer Unterschied etc.?

Angemessenes Loben:

- *»Ich habe Ihren Bericht gelesen und bin sehr angetan von Ihren Schlussfolgerungen.«*
- *»Liebe, verehrte Kollegen, wir haben in einer sehr schwierigen Situation gezeigt, was in dieser Firma und den Menschen, die sie ausmachen, steckt, wenn es drauf ankommt. Ich bin begeistert von Ihrem Einsatzwillen und den erreichten Ergebnissen. Sie alle wissen, wie schwer das allen gefallen ist.«*
- *»Ja, Sie haben bewiesen, dass es geht. Ich finde es großartig, wie Sie die Sache in dieser schwierigen Lage angepackt haben!«*
- *»Ich bin ja durchaus gute Arbeit von Ihnen gewohnt, aber diesmal haben Sie sich selbst übertroffen. Ich möchte mich für Ihren zusätzlichen Einsatz sehr herzlich bedanken.«*
- *»Horst, du hast wirklich das Letzte gegeben, und du siehst: Es hat sich gelohnt. Toll, wie du deine Reserven aktiviert hast!«*
- *»Marga, ich finde, du siehst prima aus in diesem Kleid. Du gefällst mir.«*

Unangemessenes Loben:

- *»Den Kuchen haben Sie aber gut hinbekommen!«*
- *»Ich weiß nicht, ob das Mut ist, so rumzulaufen!?«*
- *»Du machst das alles wunderbar! Ich habe da niemals was auszusetzen.«*
- *»Herr Lauer, ich staune, wie Sie das bei Ihrer doch eher mäßigen Qualifikation hinbekommen haben.«*
- *»Auch wenn das nicht zu Ihrem engeren Verantwortungsbereich gehörte, haben Sie eingegriffen. Wenn das schiefgegangen wäre, wären Sie dran gewesen!«*
- *»Na ja, nicht schlecht.«*
- *»Sie müssen sich eines merken: Wenn ich nichts sage, ist es gut!«*
- *»Ich will Ihnen als Ihr Chef mal unter vier Augen ein Kompliment machen.«*
- *»Irmgard, heute hast du endlich mal nicht gemeckert!«*

Und nun kommt doch noch eine Ausnahme: Es ist eine schöne Idee, einen Menschen plötzlich und unerwartet dadurch zu überraschen, dass man ihm etwas Erfreuliches mitteilt, eine kleine Notiz. Der Besuch gestern bei einem alten Kollegen führt dazu, ihm heute einen kleinen Brief zu schreiben: *»Danke und wie erfreulich war es zu erleben, wie sehr du dich der Firma noch verbunden fühlst. Das ist bewundernswert. Danke.«*

Der langjährigen Mitarbeiterin im Vorzimmer von einer Geschäftsreise ein kleines Präsent mitbringen. Und die kleine Notiz: *»Frau Bergt, Sie sind so unaufgeregt zuverlässig und stets freundlich, auch wenn ich mal … Sie wissen schon. Herzlichen Dank für Ihr Sosein. Gern arbeite ich mit Ihnen zusammen. Danke.«*

Eine ältere Nachbarin hatte ihr Leid geklagt, und man war etwas in Eile und musste weiter. Den Füllfederhalter / Bleistift nehmen, eine Karte: *»Liebe Frau Büttner. Das Gespräch gestern hat mich noch lange beschäftigt. Es ist beeindruckend, wie Sie Ihr Alleinsein meistern und letztlich immer wieder gegen uns Nachbarn freundlich und zuvorkommend sind. Danke.«*

Der Kinderarzt hat sich sehr einfühlsam um die kleine Petra gekümmert. Ihre Mutter schreibt am nächsten Tag eine kleine Notiz: *»Sehr geehrter Herr Dr. Maut; Sie haben gestern so freundlich und vorsichtig unsere kleine Petra untersucht. Danke. Petras Angst vor Ärzten (weißen Kitteln) ist sicherlich nicht mehr so schlimm wie vorher – das lag auch an Ihnen. Vielen Dank für die gute Versorgung.«* Ein Bild von Petra liegt bei.

Die Männer der Rettungswache finden »mitten in der Woche« eine Tüte vor ihrer Tür; dazu eine anonyme Notiz: *»Sie sind Tag und Nacht, zu jeder Zeit bereit, Menschen zu helfen – und Sie tun das freundlich, umsichtig und gekonnt. Dafür sage ich Ihnen einfach mal auf diesem Weg Danke und ich bin ganz sicher, ich tue das auch im Namen vieler anderer Menschen. Schön, dass es Sie gibt!«*

Kann man Regeln für solch eine kleine Notiz geben? Vielleicht: Der Text sollte aufrichtig und kurz sein. Auf einer netten Karte, einem schönen Bogen Papier. Er sollte konkret sein. Und der Schreiber sollte spontan und einfühlsam schreiben. Also nicht voller Skrupel und Zweifel zu dem Entschluss kommen: »Nee, das ist mir zu persönlich!« Tun Sie's!

Beim Tadel ist es ebenfalls schwierig, Patentrezepte zu geben. Da aber niemand gern getadelt wird, wäre stets zu überlegen, wie man Kritik ins Positive kleiden kann, ohne komisch zu wirken. Beispiel: *»Ich sehe da bei Ihnen noch große Veränderungspotentiale.«* Aber: Wo etwas nicht gut läuft oder gelaufen ist, sollt man es auch sagen.

Vielleicht ist es aber erst einmal hilfreich aufzulisten, was denn alles als Tadel oder Strafe gelten kann. Ein Fehlverhalten z.B. im Benehmen zu bemerken und öffentlich zu machen im Sinne von *»Ach, Mami, guck mal, wie der rumläuft!«*, ist bereits eine milde Form der Missachtung: Jedes Anstarren oder auch ekliges Abwenden z.B. einer schielenden Person gegenüber wird als Strafe empfunden. Genauso schwer oder gar noch schwerer wiegt das Phänomen der Nicht-Beachtung: Man übersieht einen Kollegen oder gar den Vorgesetzten, tut so, als wäre er nicht da oder als hätte er nichts gesagt. Das ist die Eingangsstufe zum Mobbing! Jemanden lächerlich machen, ihn blamieren und mit seiner Schwäche aufziehen, mit seinem Namen hänseln etc. stellen beliebte

Strafaktionen bei Kindern und Jugendlichen dar, wenn jemand nicht so mitmacht wie die Mehrheit. Man findet dieses Kinderverhalten auch in der sogenannten großen Gesellschaft wieder! Jede Form des Ausschlusses, der Isolierung und der Stigmatisierung hat für den Betroffenen negative Folgen: Er erlebt sich als geschnitten, missachtet und ausgeschlossen. Und: Unsere Schimpfworte sind oft tierlicher Herkunft. Damit wollen wir unbewusst deutlich machen, dass die da nicht zu uns Menschen gehören.

Auch die Androhung von Strafe ist bereits eine Vorform der Strafe. Hier wirkt die seit Menschengedenken praktizierte Abschreckung zur Verhütung einer Straftat oder eines Verbrechens. Wobei allerdings die abschreckende Wirkung einer Strafandrohung in ganz vielen Bereichen bezweifelt werden darf. Am Schandmal der Öffentlichkeit zu stehen, hält manch einen potentiellen Täter davon ab, die Tat zu begehen. Unser heutiges Strafverständnis – es handelt sich im engeren Sinn um eine philosophische Straftheorie – befasst sich mit ihren Zwecken und ihrer Rechtfertigung: Was soll mit der Strafe erreicht werden und wer darf sie verhängen? In unserer Gesellschaft dürfen und wollen wir Strafe nicht als das Zufügen von Leiden, Grausamkeiten und Quälerei verstehen. Wir wollen heute – kurz gefasst – Strafe und Tadel so verstehen, dass dadurch die Verantwortlichkeit des Täters angesprochen wird und er in seiner nun angestoßenen Vernunft so etwas nicht wieder macht. Außerdem soll Strafe als Sühne einer Schuld zur Besserung führen.

So wie bei Straftaten in einem Rechtsstaat nur Richter eine Strafe verhängen können, fühlt sich bei einem Fehlverhalten allerdings jeder berechtigt, den »Sünder« zu be-urteilen und zu tadeln; meist unter vorgehaltener Hand. Dabei sitzen wir alle im Glashaus!

Wie also sollte man tadeln? In welchen Situationen? Und wer darf oder soll es tun? Wir leben in Gemeinschaften, in denen bestimmte Regeln gelten. Diese Regeln sollen eingehalten werden. Wird dagegen verstoßen, kommt es zu Sanktionen. So ist der Normalfall. Dazu ist aber notwendig, dass jemand das Fehlverhalten benennt und ggf. öffentlich macht. Diese Rolle übernehmen haute gern unterschiedliche Medien. Im privaten oder betrieblichen Bereich wird man – im Allgemeinen – nicht an die Öffentlichkeit gehen, gerade weil es u. a. durch Benennung bzw. Tadel zu einer Verhaltenskorrektur kommen soll oder gekommen ist. In einer Firma gibt es Vereinbarungen und Verhaltensgesetze, die bis hin zu einer Kleiderordnung gehen können. Und es gibt vereinbarte Jahresziele für den Umsatz. Wer sie nicht schafft, muss mit finanziellen Einbußen rechnen. Es ist jeweils der Vorgesetzte oder der Haushaltsvorstand, ein Wort aus alter Zeit, der aktiv werden muss: »*Frau Faber, wir haben wirklich sehr warme Tage. Ich darf Sie aber bitten, Ihre sehr leichte Bekleidung zu wechseln, dass unsere Kunden daran keinen Anstoß nehmen!*« Oder: »*Peter, ich möchte nicht, dass du so zur Schule gehst!*« Auch müssen, dürfen, sollen Lehrherren oder AusbildungsleiterInnen klar benennen, wenn eine geforderte Leistung nicht den Ansprüchen genügt: »*Petra, so wie Sie mit dem Kind umgegangen sind, so wollen wir das hier nicht handhaben, weil …*« Oder: »*Herr Scholz, das mag Ihre Art sein, das Problem anzugehen. Ich möchte Sie aber bitten, die hier bestehenden Regeln zu beachten und mir in jedem Fall bei solch einer Entscheidung vorher Bescheid zu geben!*« Ein Trainer oder Tanzlehrer wird immer wieder Korrekturen anbringen und überlegen, wie er auch dem begriffsstutzigsten Schüler helfen kann, die Bewegungen richtig zu machen.

Tadel hat mehrere Funktionen: Man fordert damit eine vereinbarte Leistung ein (vgl. Kapitel 3 über Unmut äußern). Man möchte eine Verbesserung oder Korrektur der minderwertigen Arbeit und man möchte auch strafen. Zugleich ist eine vollzogene Strafe auch ein Hinweis für andere Menschen, wie sie sich verhalten sollen. Ein großes »Aber«. Die Geschichte eines Gärtners mag zur Erläuterung dienen. Im Gegensatz zum Einsperren eines Übeltäters nach einer Straftat geht er mit Pflanzen, die nicht geraten sind, anders um. Er erzählt: »Schau, hier habe ich Pflanzen, die anders sind. Sie sind schwächer, teilweise von Ungeziefer befallen, teilweise tragen sie keine Früchte. Sie sind anders, fügen sich nicht ein. Ich stelle sie nicht in eine Ecke und überlasse sie sich selbst.

Vielmehr pflege ich sie besonders, damit sie wieder zu den anderen passen. Manchmal geht das schnell. Manchmal dauert es lange, bis ich sie wieder zu den anderen stellen und mich an ihnen erfreuen kann. Würde ich sie in eine dunkle Ecke stellen und mich nicht besonders um sie kümmern, könnte ich mich nie mehr an ihnen erfreuen. Und auch die anderen Pflanzen freuen sich, dass ich mich um die Außenseiter kümmere, denn das gibt ihnen die Sicherheit, in guter Obhut zu sein, sollten sie auch einmal zu Außenseitern werden.« (nach H. Maierhofer, mdl. Mitteilung)

Tadel hat den Sinn, eine klare und deutliche Korrektur anzubringen und den Willen und das Vertrauen in die eigene Leistung wieder zu erwecken. So sollte der Antrieb beim Tadeln der Wunsch nach Berichtigung und Verbesserung und nicht nach Bloßstellen oder gar Rache sein.

Auch hier einige Beispiele von Äußerungen des Tadelns:

- *»Rainer, du hast da sehr empfindlich reagiert. Wahrscheinlich habe ich dich da irgendwie verletzt, aber im Umgang mit unseren Kunden und den Mitarbeitern dürfen wir uns solche Empfindsamkeiten nicht anmerken lassen. Ich bitte dich, dich in Zukunft nach solchen Auseinandersetzungen nicht ins Schneckenhaus zu verziehen.«*
- *»Sie haben mich eben angebrüllt, was auch immer Sie dazu veranlasst hat. So möchte ich mich aber nicht von Ihnen behandeln lassen. Ich komme wieder, wenn sich Ihr Zorn gelegt hat!«*
- *»Marianne, sehen Sie noch einmal, wie der Schwung geht. Also von vorn oben über das Gras nach hinten oben. Nicht so, wie Sie es taten. Bitte nehmen Sie den Schläger noch einmal in die Hand und …«*
- *»Sie haben die vereinbarten Ziele nicht erreicht. Das ist nicht erfreulich. Damit können Sie an der Bonus-Ausschüttung dieses Mal nicht teilnehmen. Wie kann ich Ihnen helfen, im kommenden Quartal wieder mehr Luft unter die Flügel zu bekommen?«*

Auch eine Äußerung im Sinne einer Ich-Botschaft kann Orientierung geben:

- *»In Ihrer Abteilung gab es gestern wieder einen heftigen Streit. Ich habe mehrfach versucht, Ihnen als Verantwortlichen für die Abteilung Hinweise zu geben, was Sie tun können, um ein besseres Arbeitsklima hinzubekommen. Ich werde Ihnen jetzt als letzte Möglichkeit Frau Japert zur Seite geben. Sollte sich das Klima in Ihrer Abteilung nicht in den nächsten vier Wochen zum Positiven ändern, sehe ich mich gezwungen, Sie mit anderen Aufgaben zu betrauen.«*

Wir verzichten hier bewusst darauf, negative Beispiele aufzuführen.

Vielleicht wurde deutlich, wie behutsam die Möglichkeiten von Lob und Strafe eingesetzt werden sollten. Es muss und kann immer Ziel unserer Beeinflussung sein, den anderen Menschen zu entwickeln und ihm die Chance zu geben, aus eigenem Antrieb und mit eigener Kompetenz seine Aufgaben zu erfüllen.

Ein letztes Wort hier auch zu einer Spezialform von Lob und Tadel: Im Kapitel 14 über die Selbstkommunikation wird dargestellt, wie man mit sich selber sprechen und umgehen kann. Natürlich ist ein dosiertes Eigenlob als Selbst-Anerkennung nach einer vollbrachten Leistung sinnvoll. Und man darf und sollte zuweilen auch ruhig mit sich selbst ins Gericht gehen und Tacheles reden, z. B. durch das Schreiben eines Tagebuchs. Entwicklung und Reifung hat immer etwas mit Veränderung zu tun, und wenn man als notwendig erachtete Änderungen hinbekommen hat, darf man sich gern über sich selber freuen!

Kapitel 3
Unangenehme Botschaften vermitteln: Kritik, Unmut, Reklamation

Wenn ein Verhalten oder eine Leistung u. U. zum wiederholten Male nicht so ist, wie ich es erwartet oder erhofft habe, erzeugt das in mir unterschwelligen Ärger. Dieser belastet über kurz oder lang die Beziehung. Mag man in der jungen Freundschaft oder Liebe noch über manch eine schrullige Vorliebe seines Nächsten hinwegsehen, so ist ein längeres Zusammenleben nur erträglich, wenn man die Schrullen des anderen hinnimmt oder aber rechtzeitig und konstruktiv gegensteuert. Solche Schrullen können kleine Unsitten sein, wie die Schuhe nicht wegzustellen oder den vollen Papierkorb zu übersehen, oder mangelnde Umgangsformen, wie z. B. ins Wort zu fallen oder Gäste nicht zu Wort kommen zu lassen, oder auch Vorlieben für Ungesundes.

Wir neigen entweder dazu, solche Störungen zu lange zu tolerieren oder zu übersehen, oder wir schlucken unseren Unmut lange, und irgendwann genügt ein Funke, um das Fass zum Überlaufen zu bringen. Dann wird durch eine Überreaktion oft unnötig Porzellan zerschlagen bzw. die Beziehung durch Schimpfen belastet.

Sehr ähnlich verhält es sich, wenn wir mit einer Service-Leistung nicht zufrieden sind, z. B. in der Kfz-Reparaturwerkstatt, durch die schlechte Bedienung in einem Restaurant oder Café, die schlecht gemangelte Wäsche oder die unvollständige Fakturierung einer größeren Rechnung. Natürlich haben wir ein Anrecht auf eine gute Leistung, für die wir ja auch gutes Geld ausgeben müssen. Zugleich ist da aber wohl auch die Hemmung, nicht als Meckerer, als Kritiker oder Nörgler gelten zu wollen. Zuweilen scheint es auch eher eine Kleinigkeit zu sein:

»Kaum der Rede wert!« Aber wir sind verschnupft. Und selbstunsichere Personen gehen dann das nächste Mal einfach nicht mehr da hin: Sie wechseln den Frisör, essen nicht mehr in dem Lokal, meiden in Zukunft den Urlaubsort. Das ist dann eigentlich auch ein Zeichen einer gewissen kommunikativen Inkompetenz.

Eine erste Kritik sollte immer unter vier Augen mit dem Verursacher geäußert werden. Erst ganz spät sollte man rechtliche Schritte unternehmen. Im beruflichen Bereich muss man als Vorgesetzter zuweilen kontrollieren, korrigieren, bemängeln oder gar massiv kritisieren. Viele glauben fälschlicherweise, man müsse Mitarbeiter nur richtig motivieren, damit sie gute Leistungen erbringen. Nein, man muss sie relativ genau auf ihre Aufgaben hinweisen, ihnen den Sinn von Maßnahmen verständlich machen und sie in ihrer Kompetenz stärken. Dazu gehört eben auch, dass man als Führungskraft neben fachlichen auch über kommunikative Fähigkeiten verfügt.

Für den Vorgesetzten lautet die erste Frage: *»Was muss ich tun, um für alle das Beste zu ermöglichen?«* Dafür trägt er selbst, aber eben auch seine Mitarbeiter Verantwortung. Er selbst als Person ist im Vergleich zu seiner Aufgabe eher bedeutungslos. Eitelkeiten und Wohlangepasstheit würden nicht gewährleisten, dass Leistungen erbracht werden. Eine Führungsperson muss sich verständlich machen. Er wird die Beweggründe für das Verhalten seiner Mitarbeiter erfragen / erkunden und sie qualifiziert begleiten. Alibis und Ausreden helfen nicht, Erfolg zu haben. Auch wird er seinen Leuten ihren Erfolg nicht stehlen.

Wird also eine Arbeit nicht zur Zufriedenheit der Firmenziele erfüllt, muss ein Vorgesetzter rechtzeitig und gekonnt intervenieren. Dabei empfehlen sich – in der Anfangsphase – durchaus Ich-Botschaften: *»Herr Maurer, Sie haben den Vorgang aufgearbeitet. Ich sehe, dass Sie die Gesamtkosten nur im Ansatz ermittelt haben. So können wir vor dem Vorstand nicht für das Projekt argumentieren. Wir benötigen die vollständigen Zahlen. Fehlen Ihnen Unterlagen oder haben Sie andere Gründe, warum Sie dies so gemacht haben?«* So kommt es zu keinem

Angriff, aber auch zu keiner Beschönigung. Dafür gibt es Erklärungen hinsichtlich der Präsentation des Vorgangs vor dem Vorstand und Fragen nach den möglichen Ursachen.

Wiederholt treffen Sie Mitarbeiter beim längeren Schwatzen in der Kaffeeküche. »*Meine Damen und Herren, Sie befinden sich in fröhlicher Runde. Darf ich Sie bitten, sich Ihren Aufgaben zuzuwenden. Wir benötigen dringend die Unterlagen für das Geschäft mit China. Herr Sauber: Sie legen mir bitte heute noch einen Entwurf über die Vorgehensweise hinsichtlich des Versands vor. Und Frau Schmuller: Von Ihnen fehlt mir noch …*« Es geht um Ergebnisse. Auf die hier skizzierte Weise zeigen Sie als Vorgesetzter, dass Sie das Herumstehen so nicht dulden, und Sie signalisieren Kenntnis über den Sachstand in Ihrer Abteilung. Dabei bleiben Sie aber freundlich bestimmt und fordern die Leistungen ein, für die die Mitarbeiter bezahlt werden.

Trotz zusätzlicher Aufgaben und Zusagen hat Ihre Abteilung keine Personalaufstockung erhalten. Beim nächsten Meeting der Verantwortlichen tragen Sie diesen Zustand vor: »*Am 12. Januar haben wir hier entschieden, dass meine Abteilung neue Aufgaben übernimmt und dafür zusätzliches Personal erhält. Es mag Gründe geben, warum das noch nicht umgesetzt wurde. Aber ich kenne sie nicht. Und ich möchte meine Mitarbeiter informieren. Denn ohne zusätzliches Personal für die Qualitätssicherung besteht mittelfristig nicht nur die Gefahr, dass die Mitarbeiter frustriert sind und kein Vertrauen in die Führung haben, sondern es steht zu befürchten, dass unsere Produkte beim Kunden immer häufiger fehlerhaft ankommen. Wir alle wissen, was das bedeutet. Ich möchte heute noch einmal dringend darum bitten, dass die Zusagen der Geschäftsleitung zügig umgesetzt werden, und zwar noch vor dem Jahresschluss.*« Damit werden keine Drohungen, keine Resignation und keine Gekränktheiten signalisiert. Wohl aber auf mögliche Folgen hingewiesen und darauf verwiesen, dass Respekt gegenüber der Geschäftsleitung nur gewährleistet ist, wenn Zusagen auch eingehalten werden.

Zwei Grundsätze möchten wir zu solchen Situationen betonen:

Erstens: Wir haben das Recht und die moralische Pflicht, Missstände zu erkennen und zu benennen. Und für ein gedeihliches Zusammenleben ist es bedeutsam, rechtzeitig Rückmeldung zu geben. Spielregeln des Miteinander müssen vereinbart werden; nichts ist a priori selbstverständlich. Verstehen wir Beziehungen auch als komplexe und lernende Systeme, müssen wir immer mal wieder nachregulieren, damit beide Beteiligten zu ihrem Recht kommen. Das gilt natürlich auch für größere Sozietäten wie Arbeitsgruppen, Expeditionen, Wander- oder Urlaubsgemeinschaften usw. Es geht nicht darum, jede Kleinigkeit zu kommentieren und zu bewerten, sondern es geht darum, dass man das Miteinander-Auskommen optimiert. Dabei muss es nicht immer nach den eigenen Vorstellungen gehen. Etwas auszusprechen, ggf. auch einmal brieflich, schafft Klärung.

Der zweite Grundsatz sollte sein, dass man seine Beschwerde dort anbringt, wo die Ursache für das Unwohlsein entstanden ist. Autoritär strukturierte Führungsmenschen neigen dazu, sich den Geschäftsführer kommen zu lassen, sich lauthals z. B. im Lokal oder Geschäft zu beschweren und den starken Max rauszuhängen. Gern übergeben sie solch einen Fall auch ihrem Anwalt. Schließlich ist man ja für solche Fälle versichert! Der richtige Ansprechpartner ist zu finden. Allerdings wird einem das bei telefonischen Beschwerden über die schlechte Leistung eines Versenders durch die eingerichteten Call-Center kaum gelingen. Der Beschwerdenehmer sollte anhand von Anschauungsmaterial wissen, worum es geht. Firmen haben oft einen Beschwerde-Service eingerichtet. Junge, freundliche Damen bitten einen, doch erst einmal zu erzählen, worum es geht, um dann mitzuteilen, dass sie gerade für diesen Fall leider nicht zuständig sind und dass die betreffende Kollegin heute leider nicht am Arbeitsplatz ist. Es gehört ein gewisser sozialer Mut, ein klares Konzept und eine Portion (Selbst-) Disziplin dazu, solch einen Prozess durchzustehen. In jedem Fall ist die »Unmutsäußerung« dem schweigend »Aus-dem-Felde-Gehen« vorzuziehen.

Wir schlagen folgendes bewährte Vorgehen vor:

- Der Sachverhalt wird dem wirklichen oder wahrscheinlichen Verursacher/Zuständigen knapp, emotionslos, ohne provozierende Unterstellungen, möglichst mit »Beweismaterial« geschildert. Dazu kann er sich äußern. *»Frau Berger, ich sehe hier in dem Vorgang, den Sie bearbeitet haben, Rechtschreibfehler. So können wir das nicht aus dem Haus geben. Sie sind dafür zuständig, dass die Endfassung fehlerfrei ist. Ich bitte Sie, in Zukunft darauf verstärkt Ihre Aufmerksamkeit zu richten. Anderenfalls muss ich mit der Personalabteilung eine alternative Aufgabe für Sie suchen.«*
- Der Klageführer äußert seine Erwartungen. Diese sollten im Rahmen der allgemeinen Geschäftsbedingungen liegen.
  »Meiner Meinung nach einigten wir uns eindeutig auf die im Arbeitsvertrag formulierten Aufgaben und Vorgehensweisen: Bitte halten Sie sich daran!«
  Wiederum hat die Gegenseite die Möglichkeit, darauf zu antworten.
- Bei einer Reklamation stellt der Beschwerdeführer seine Rolle als Kunde heraus. Dabei geht es nicht darum, die Nöte des Verursachers zu verstehen. Oft sagt er: *»Sie müssen verstehen, wir hatten gerade zu der Zeit zu wenig Personal.«* Oder: *»Ja, Sie wurden leider von einer Aushilfskraft bedient.«*
  Handelt es sich um eine partnerschaftliche »Ungereimtheit«, macht es Sinn, auf die wechselseitige Rücksichtnahme bzw. das gemeinsame Wohlsein abzuheben. Aber hier bitte keine Vorwürfe (vgl. VW-Regel im Kapitel Deeskalation), sondern Wünsche, die auch erfüllt werden können, äußern.
  »Bitte erklären Sie mir nicht, was in Ihrer Firma alles nicht geht und warum das so ist! Ich als Ihr Kunde erwarte von Ihnen eine faire und professionelle Lösung des Problems. Bitte teilen Sie mir bis heute 17 Uhr mit, ob es so klappt, wie Sie es zugesagt haben!«
- Sprachliche Formulierungen sollen auch keine Beleidigungen oder Provokationen enthalten. Es ist geschickt, nach den Ursachen für die Fehlleistung zu fragen und einen gemeinsamen und gangbaren Weg anzudeuten, um den Schaden zu begrenzen und einen Kompromiss zu ermöglichen.
  »Überall kann es zu Schwierigkeiten kommen. Lassen Sie mich wissen, was ich tun kann, damit Sie Ihre Aufgabe voll erfüllen können.«

- Dem Gegenüber soll also eine Brücke gebaut werden, über die er ohne Gesichtsverlust gehen kann.
  »Vielleicht überlegen Sie noch einmal mit Ihrem Vorstand, ob Ihre Entscheidung nicht eine Modifikation erfahren sollte. Schließlich liegt es ja in unserem gemeinsamen Interesse.«
- Von der weiteren Bereitschaft, den Schaden zu beheben, wird abhängen, ob ich als Beschwerdeführer mein Gegenüber bitte, über eine Wiedergutmachung nachzudenken, oder ob ich diese z. B. durch einen Preisnachlass, einen Gutschein etc. einfordere. Hier sollte man verhandeln, nicht fordern. Und man sollte in einem Nebensatz die mögliche gemeinsame Zukunft bedenken: *»Sie haben ja sicherlich auch ein Interesse, dass wir in Zukunft …«* Oder: *»Wahrscheinlich möchten Sie nicht, dass auch andere Kunden davon erfahren.«* Oder im partnerschaftlichen Bereich: *»Wir hätten dann in Zukunft keinen Anlass mehr, über diese Kleinigkeiten zu streiten, wenn wir gemeinsam einen Weg finden, um …«*
- Zum Abschluss solch eines Gesprächs mit einer einigermaßen gütlichen Einigung sollte ein Ritual erfolgen: Handschlag, die Zusage, dass das so nicht wieder geschehen soll, die Überreichung eines kleinen Geschenks als Wiedergutmachung durch den Verursacher. Zugleich kann man sich darüber einigen, was aber zu tun wäre, wenn sich der Fall doch noch einmal wiederholen sollte.

Bewährt hat sich, zumindest in Langzeitpartnerschaften, das Thema nach einer gewissen Zeit der Aussprache noch einmal positiv anzusprechen und seine Genugtuung über das gelungene Konfliktmanagement zu äußern. Vielleicht kann man damit auch Wünsche an das zukünftige Verhalten in ähnlich gelagerten Fällen verbinden.

Es mag naiv klingen: Eine kurze, ggf. handgeschriebene Notiz an den gerüffelten Mitarbeiter oder den saumseligen Geschäftspartner kann Wunder wirken. Zeigen Sie in solch einer kleinen Nachricht Verständnis und bedanken Sie sich, wenn es zu einem erträglichen Ergebnis gekommen ist.

Kapitel 4
Streiten – aber richtig!

Wesentliche Aspekte beim Streiten sind, die Würde des Gegenübers zu respektieren, zu seiner eigenen, anderen, Meinung zu stehen als auch auf Echtheit und Klarheit in der Sache zu achten. Das Vorgehen beim Streiten wird sich je nach Situation als weich oder auch als hart entwickeln. Wechselseitig sollten Empfindsamkeiten erkannt und zugestanden werden. Je privater eine Auseinandersetzung ist, umso wichtiger ist es, an die gemeinsame Zukunft zu denken. Streitschlichtungen benötigen häufig mehr Zeit bzw. Geduld, als wir glauben, und immer wieder ist abzuklären, ob beide Seiten wirklich eine Klärung wollen. Um Streitereien zu minimieren, ist es am wirksamsten, über unterschiedliche Meinungen und Haltungen rechtzeitig, d. h. vor einer Eskalation, miteinander zu reden.

Dennoch wird Streit nicht immer vermeidbar sein. Er ist nicht schön, aber für ein gutes Zusammenleben jedoch manchmal notwendig.

Folgen nicht ausgetragener Konflikte sind latente Spannungen, latente Unzufriedenheit bis hin zu gesundheitlichen Beeinträchtigungen. In einer nicht ehrlichen Friedhöflichkeit werden Beziehungen unnötig belastet (Resignation, innere Kündigung). Unterschwellig kann Groll entstehen, der sich zeitlich sehr viel später in Form von Rache äußern kann. Und schließlich kann man dann auch leicht den Respekt vor sich selber verlieren. Als konfliktscheuer Mensch wird man auch schwerlich in irgendeiner Form Führungsaufgaben übernehmen können.

Aus unserer Erfahrung ergeben sich folgende Grundüberzeugungen:

- Es gibt keine konfliktfreie Gesellschaft. Konflikte stellen dauerhafte Erscheinungen in friedlichen Gemeinschaften dar.

- Konflikte und Streitfälle können nicht immer gelöst, wohl aber geregelt werden. Gewisse Spannungen müssen ausgehalten werden.
- So wünschenswert eine formal schöne Konflikt-Kommunikation auch ist, wichtiger sind Respekt vor dem Gegner, das Interesse an der Sache und die Klarheit der Aussage.
- Jeder Streit beinhaltet die Möglichkeit zur Klärung. Er ermöglicht Entwicklung und Kreativität und fördert im besten Fall Sensibilität und Offenheit. Ein Streit kann jede Partnerschaft, jedes Team, jede Gruppe voranbringen.
- Um ein positives Ergebnis einer Streitschlichtung zu ermöglichen, sind die Vorgehensweise und der Zeitpunkt eines Streitgesprächs von besonderer Bedeutung. Spontaneität kann sich hier negativ auswirken.
- Auch eine heftige Auseinandersetzung muss nicht negativ sein, wenn das Grundverständnis zueinander gut ist und wenn nach der Entladung eine positive Haltung zum Konfliktpartner wiederhergestellt wird. Es kommt mehr auf Echtheit des Verhaltens an denn auf wohlgeschraubte, kunstvolle Formulierungen à la Lehrbuch. Ärger darf als Ärger erkannt und benannt werden.
- Jeder Konflikt, der sich zum Streit auswuchs, sollte reflektiert werden: *»Was hat dich besonders geärgert?« Oder: »Mich hat gewundert, dass …«*

Sowohl von unserer vorwiegend angeborenen Sensibilität als auch von unserer frühen Lerngeschichte her haben wir alle ein Grundmuster in uns, wie wir mit schwierigen Situationen oder Konflikten, mit Meinungsverschiedenheiten oder interpersonalen Spannungen umgehen. Jeder hat so seine Streit- oder Konfliktstruktur entwickelt. Ganz einfach und nicht unbedingt richtig könnte man sagen, es gibt Menschen, die weichen jedem Konflikt aus. Es gibt andere, die versuchen, jeden belastenden Widerspruch weichzuwaschen und eine rasche Harmonie herzustellen, und es gibt eine dritte Gruppe, die keinem Streit aus dem Weg geht, im Gegenteil, sie sucht häufig sogar den

Kampf um das Recht. Da wir alle in unterschiedlichen Sozietäten leben (Partnerschaft, Familie, Berufs-Abteilung, Sportmannschaft etc.), haben wir auch in diesen Systemen Anpassungsrollen übernommen, die uns zuweilen von anderen Personen zugeschrieben wurden (Attribution). Da soll eine nette Frau neben einem durchsetzungswilligen Mann die friedliche und harmoniesuchende Partnerin sein, oder da wird von einem Abteilungsleiter, der ansonsten sehr friedliebend ist, erwartet, dass er sich gegenüber dem Vorstand massiv gegen Veränderungen zur Wehr setzt.

Wer sich selbst nach seiner persönlichen Konfliktstruktur befragen will, muss einige der nachfolgenden Fragen beantworten:

- Bin ich eher friedliebend und neige ich dazu, Auseinandersetzungen aus dem Weg zu gehen? Oder neige ich dazu, mich durchzusetzen, zu kämpfen, wenn mir eine Sache oder Position wichtig ist?
- Steckt in mir die narzisstische Neigung, überall Gewinner sein zu wollen, und neige ich auch deshalb dazu, Machtspiele und Positionskämpfe einzugehen?
- Weiß ich, unter welchen Umständen ich dazu neige, mich entweder in einem Streit zurückzuziehen oder aber konkret und rasch eine Klärung zu erreichen?
- Denke ich, dass ich grundsätzlich freundlich, gütig, kooperativ, hilfsbereit, zutraulich und großzügig bin? Oder neige ich dazu, in bestimmten Situationen oder einigen Menschen gegenüber kalt, unfreundlich, barsch, fordernd, taktlos, selbstsüchtig und unbarmherzig zu sein? (Vgl. Saum-Aldehoff 2007, S. 92)
- Verfüge ich grundsätzlich eher über eine kritische, sogar unterschwellig feindselige Haltung gegenüber der Politik, der Gesellschaft, den Menschen? Oder bin ich von meiner Grundeinstellung eher vertrauensselig, optimistisch und gutgläubig?
- Bin ich eher ein Einzelgänger oder ein Mensch, der gern in sozialen Verbänden lebt und arbeitet? Oder anders: Neige ich dazu, viel in Selbstschutz, Selbstbehauptung und Selbstdarstellung zu investieren,

oder neige ich dazu, mit anderen Organismen im Sinne von Kontakt, Offenheit und Vereinigung möglichst eine Einheit zu bilden? (Vgl. Saum-Aldehoff, S. 93).

- Erkenne ich im Vorfeld Situationen, die schnell kritisch werden können?
- Habe ich ein Gespür für meine eigenen Empfindsamkeiten und weiß ich, wie ich meistens reagiere, wenn an ihnen gekratzt wird?
- Bemühe ich mich darum, die Empfindsamkeiten anderer Menschen zu respektieren, damit ich sie möglichst wenig verletze?
- Sind mir, in der Verfolgung einer wichtigen Sache / Aufgabe, andere Menschen und deren Befinden eher gleichgültig? »*Wenn es um die Sache geht, muss man bereit sein, Opfer zu bringen!*« Stimmt das so?
- Verfüge ich über das Handwerkszeug, Konfliktsituationen friedlich zu regeln?
- Gefalle ich mir in der Rolle des Opfers, wenn ich zu Unrecht beschuldigt wurde? Ziehe ich mich gern in den Schmollwinkel zurück?
- Neige ich dazu, mich zuweilen selbst zu beschimpfen oder mich selbst herabzusetzen? Oder neige ich von Zeit zu Zeit dazu, mir selbst mit wohlwollendem Verständnis und Zuspruch zu begegnen, um meinen Groll zu überwinden?

Es gibt nach unserer Erkenntnis keine eindeutig definierbare richtige oder falsche Konfliktstruktur. Manche Menschen verfügen aber sehr wohl über zweckmäßige Strategien, mit denen sie Lebenssituationen gekonnt meistern.

Wie es diese gesellschaftspolitischen Grundüberzeugungen gibt, gibt es auch nicht zu leugnende psychologische ›Gesetze‹ unseres persönlichen Empfindens und Verhaltens.

Psychologische Gesetze

Wenn wir in einen Streit verwickelt sind, reagieren wir mit unserem gesamten Organismus: Wir sind emotional mehr oder weniger stark beteiligt, wir reagieren körperlich, wir spannen u. a. die Muskulatur an, wir sind geistig-kognitiv engagiert, fühlen uns möglicherweise angegriffen, und wir sind im jeweiligen sozialen Bezug zu unserem Gegenüber angespannt. Natürlich kommt es sehr darauf an, mit wem wir in einen Streit geraten: der Kunde, die Kollegin, der Vorgesetzte, ein Nachbar, der Ehepartner, die heranwachsende Tochter, der aus dem Ruder gelaufene Sohn? Jede Person steht uns unterschiedlich nah, und zu jeder Person haben wir eine spezifische, persönliche Einstellung und Beziehung oder vielleicht sogar eine Abhängigkeit. Jeder weiß wohl, dass gerade der Streit mit den uns besonders nahestehenden Personen auch besonders belastend sein kann.

Gerade in Stress- oder Streitsituationen fällt auf, dass Menschen dazu neigen, nicht die gesamte Palette der Möglichkeiten des Zusammenlebens zu sehen. Sie konzentrieren sich dann leicht auf nur eine oder zwei Grundtendenzen. Da wir Menschen aber unterschiedlich sind, empfiehlt es sich eben auch, auf die unterschiedlichen Vorstellungen der Konfliktpartner einzugehen. Und wiederum: Zum Erkennen der eigenen Struktur scheint es bedeutsam, sich im Streitfall nicht vorzeitig zu verhärten. Flexibilität und Kreativität, aber eben auch die Bereitschaft zum Kompromiss sind Voraussetzungen für gelingende Streit-Situationen.

Ein Streit setzt üblicherweise starke und tiefe Gefühle frei: Eine alte Wunde bricht auf, man fühlt sich nicht ernst genommen, glaubt beleidigt zu werden, ist beschämt, empfindet Schuldgefühle und meint, einen Angriff am besten mit einer Gegenattacke beantworten zu sollen. Es werden zuweilen alte Ladenhüter hervorgeholt: Dinge oder Vorkommnisse, die bereits Jahre zurückliegen, werden wieder aufgetischt und einem vorgehalten: frühere, längst verjährte Verfehlungen, oder es werden meist völlig unzutreffende Querverweise zu Eltern/Schwiegereltern oder Lehrern gezogen: *»Du bist genauso wie deine Mutter!«*

Ein weiterer Aspekt ist, dass man besonders Menschen, die man nicht recht leiden kann, jeden auch noch so kleinen Fehler vorhält, um ihn aus seiner angeblichen so dominanten Position zu vertreiben.

Hier sollte man die eigenen Gefühle und Motive selbstkritisch im Auge behalten.

Streiten um eine Sache und/oder um eine Beziehung

Wir glauben in den meisten Fällen, dass wir bei einem Streit ganz sachlich bleiben können – zumindest wollen wir oft, dass unser Gegenüber das Ganze doch mal sachlich sehen soll. Wie bei jeder Kommunikation werden natürlich auch bei einer Auseinandersetzung mehrere Aspekte bewusst oder unbewusst angesprochen. Ja, es geht immer auch um die Sache, und man tut gut daran, sich vor oder gar während eines Streites immer wieder vor Augen zu führen, worum es eigentlich geht, was der Sachaspekt des Streites ist. In den allermeisten Fällen hat eine Diskussion einen sachlichen Inhalt: Oft sind es Meinungen und Überzeugungen, zuweilen sind es ideologische Ansichten, oder es sind Sachverhalte z.B. über einen Arbeitsprozess, der nicht ganz geklärt ist.

Wir verbinden aber mit der Sache immer auch unsere Person in der Form, dass wir uns meist emotional mit der Sache identifizieren. Gerade wenn uns eine Angelegenheit sehr wichtig ist, uns also besonders am Herzen liegt, neigen wir dazu, jede mögliche Kritik an unserer Meinung auch sofort als Kritik an unserer Person zu erleben. Und dann kämpfen wir um unser Prestige, für unsere Überzeugung und können oder wollen oft nicht nachgeben, weil wir das als Umfallen oder Schwäche erleben. Oder aber wir glauben, dass unser Gegenüber das Nachgeben als Versagen interpretieren könnte. Wir sagen also eine Menge über uns selbst aus, wenn wir uns vehement für eine Sache einsetzen: Wir signalisieren dem anderen unsere Wichtigkeiten, verdeutlichen indirekt unsere Fähigkeit zur Konzilianz bzw. Kompromissbereitschaft, und wir zeigen möglicherweise unsere Verletzbarkeit, wenn wir nicht zugestehen können oder wollen, dass der andere mit seiner Meinung durchaus recht hat oder haben könnte. Diese Selbstoffenbarung ist ein wesentlicher Aspekt eines Gesprächs und vor allem auch eines Konflikts oder Streits.

Bei wichtigen Verhandlungen oder Geschäftsabschlüssen versuchen viele Menschen immer wieder, sich nicht in die Karten gucken zu lassen. Das sogenannte Pokerface soll alle möglichen Regungen und Gefühle verbergen. Geübte Verhandler haben aber trotzdem ein gutes Gespür für die Befindlichkeit dessen, der gern ganz cool tut und in Wirklichkeit auf Kohlen sitzt.

Damit wird ein dritter Gesichtspunkt deutlich: Es geht bei einem Streit auch immer um die Beziehung, die die beiden Streitenden zueinander haben. Von der Körpersprache über die taktische Vorgehensweise bis in die Wortwahl und die Form des Miteinanderumgehens (z. B. Höflichkeit) kann man auf die Beziehung schließen: Handelt es sich um gleichberechtigte Partner? Ist einer der Dominante oder möchte es sein? Wer übernimmt die Initiative? Wer redet länger? Wer unterbricht den anderen? Wer fasst wen wo und wie lange an? Blickkontakt? Wie ist der Abstand zueinander? Unterwirft sich einer dem anderen? Handelt es sich also um eine komplementäre oder eine symmetrische (unter Gleichgestellten) Kommunikation? Wenn wir zwei Menschen beobachten, die sich gerade begegnen, können wir an ihrer Körpersprache – ohne dass wir das Gespräch hören – feststellen, wie diese beiden Personen zueinander stehen. Da Menschen grundsätzlich ein gutes Gespür für Hierarchien haben, fällt es ihnen auch meist nicht schwer, in jeder Begegnung mit einem anderen Menschen Signale der Über- oder Unterordnung zu entschlüsseln. Es ist eine sehr reife Form des Umgehens, solche Aspekte in einer Begegnung nicht zu denken und nicht zu benötigen; eben weil man sich als völlig gleichberechtigt erlebt oder weil man sich liebt.

Und es gibt einen vierten Aspekt bei einem Streit: nämlich die offene oder verdeckte Aufforderung an den anderen Menschen, etwas zu tun oder zu lassen (Appell-Aspekt). Zumindest möchten wir, dass er uns zuhört. Meistens wollen wir aber auch, dass er z. B. seine Meinung ändert und mir zustimmt oder aber sich meinem Vorgehen anschließt.

Gibt es Regeln für faires Streiten?

Grundsätzlich sind Menschen sehr wohl in der Lage, ihre Konflikte mit anderen Menschen in einem friedlichen Streit zu bereinigen. Die Frage stellt sich, ob es hierzu bewährte Streitregeln gibt? Ja und nein. Denn alle Menschen sind verschieden und die Streitsituationen sind sehr unterschiedlich. Was wir aber vermitteln wollen, ist, dass der Leser / die Leserin a) keine Angst vor einem Streit hat und b) Wege zu einem fairen Streiten findet. Und schließlich sollen c) die Kontrahenten beide nach einem Streit ein besseres Gefühl haben als vor dem Streit. Um das zu erreichen, bietet sich ein Dreierschritt an:

1. Man kündigt – wenn das nicht in der Spontaneität untergeht – den Streit offen an und wählt dazu einen Termin sowie einen Ort, der beiden passt.
2. Die eigentliche Auseinandersetzung erfolgt unter anständigen Bedingungen: Wahrscheinlich unter vier Augen, also nicht öffentlich. Eine Unsitte bei Besuchen ist es zum Beispiel, die Anwesenheit der Freunde nutzen, um schmutzige Wäsche zu waschen. Es kann sein, dass man längere Zeit, also auch mehrere Tage, benötigt, um einen Konflikt zu regeln. Lösungen reifen und benötigen Zeit.
3. Nach dem Streitgeschehen – in einem zeitlichen Abstand – festigt man die gefundene Lösung, indem man darüber spricht und den Prozess im Nachhinein noch einmal konstruktiv kommentiert.

Es sind aber auch einige grundsätzliche Einstellungen hilfreich. So z. B. die Überzeugung, dass ein Streit nichts Schlimmes ist und dass es nach einem ausdiskutierten Streit oft eine bessere Harmonie gibt als vorher. Eine nicht geklärte, zwischenmenschliche Störung belastet mittel- und langfristig die Beziehung oder kann sie gar sprengen. Weiterhin: Man kann die Wahrheit (welche ja immer nur die eigene Wahrheit ist) sagen, ohne zu verletzen. Dabei spielt die Authentizität eine große Rolle. Wenn man in erster Linie daran interessiert ist, die

Spannung zu reduzieren und nicht von der eigenen Rechthaberei getrieben ist, findet man auch (s. u.) die richtigen Fragen und Worte. Es gehört auch ein wenig Mut dazu, heikle Fragen anzusprechen. Heikel sind vor allem Fragen, die sehr ins Persönliche reichen: Wenn jemand ungepflegt ist, Mundgeruch hat, immer wieder gegen Vereinbarungen verstößt oder gar offensichtlich lügt. Hilfreich ist auch, wenn man nicht lange um den heißen Brei herumredet, sondern rasch, direkt und taktvoll zur Sache kommt. Schließlich scheint uns ganz wichtig zu sein, dass man sich in einem Streit nicht künstlich aufwertet und den Partner abwertet; dass man vielleicht wirklich nur das beobachtete oder erlebte Verhalten des anderen oder seine Gedanken spiegelt, ohne es sofort zu werten oder zu interpretieren.

Was nicht für ein faires Streiten Voraussetzung ist oder sein sollte, ist die Vorstellung, dass man in jedem Fall zu einer für beide Seiten befriedigenden oder sogar sehr guten Lösung kommen muss. Ein Streit kann zur Klärung führen und damit kann es auch zu einer Trennung der Partner kommen. Jede Streitschlichtung ist auch eine besondere Form der Verhandlung: »Verhandeln ist eine Grundform, Gewünschtes von anderen Leuten zu bekommen« (Fisher, R., Ury, W., Patton, B.: Das Harvard-Konzept; Campus, 1997, S. 15) Es ist günstig, wenn man nicht mit einer engen, festgefassten Meinung über die Lösung in das Konfliktgeschehen geht, sondern verhandlungsoffen ist. Schließlich soll man bei allem Respekt dem anderen gegenüber nicht seine Würde verspielen. Man sollte also auch klar formulieren, was man nicht will oder nicht tun wird; also sich nicht kaufen lassen bzw. unglaubwürdig werden. Man muss glauben, was man sagt, und man sagt, was man glaubt.

Zu den bewährten Regeln gehören wohl die folgenden Gedanken, die jeweils mit kommunikativen Beispielen verdeutlicht werden:

1. Das Ärgernis wird direkt, offen und taktvoll angesprochen.
   »Ich habe vorhin gehört, wie du deinen Mann in aller Öffentlichkeit vorgeführt hast. Meinst du nicht, dass das eurer Beziehung schadet?« Oder: *»Herr X Y, Sie sagten, dass wir in Zukunft öfter … Können Sie sich vorstellen, dass diese Bemerkung von Ihnen bei uns nicht gut ankommt?«*
2. Es werden keine Pauschalurteile abgegeben, sondern ganz spezifische Verhaltensweisen angesprochen.
   »Sie haben mir heute früh, als ich das Auto abgab, versprochen, dass es um 16 Uhr fertig wäre. Jetzt konnten Sie den Termin nicht halten. Ich kann nicht länger warten. Bitte bieten Sie mir eine Ersatzlösung an.« Oder: *»Ich war eben in deinem Zimmer. Du hast deine Sachen nicht in den Schrank gelegt, wie wir es verabredet haben. Bitte geh hinauf und leg sie zusammen und tu sie in den Schrank!«*
3. Um Verletzungen zu vermeiden, sollte man eine verständnisvoll-fragende und interessierte Haltung einnehmen, nicht eine besserwisserische.
   »Ich weiß nicht, wie du darauf kommst. Kannst du mir das erläutern, was du damit meinst?« Oder: *»Ich weiß, das ist für Sie ein ganz heikles Thema. Trotzdem möchte ich Sie daran erinnern, dass wir in unserem (Betriebs-) Leitbild vereinbart haben, fair miteinander umzugehen.«*
4. Empfindlichkeiten (Animositäten) sollten sehr feinfühlig angegangen werden. Je besser man seinen Partner kennt, umso besser kennt man auch seine Empfindlichkeiten bei bestimmten Themen oder Beispielen.
   »Lass uns noch einmal über das leidige Thema mit der Zukunft deiner Mutter reden. Altersheim oder Ähnliches möchtest du nicht, und das kann ich bedingt nachvollziehen. Welche konkreten Möglichkeiten der Versorgung siehst du denn aus deiner Sicht als Sohn?« Oder: *»Auch wenn du da sehr empfindsam bist: Ich möchte dich doch bitten, deinen Alkoholkonsum zu reduzieren.«*
5. Es werden keine alten Ladenhüter hervorgeholt.
   »Schon damals, als wir frisch verheiratet waren, hast du Versprechungen

nicht eingehalten und bist immer wesentlich später von der Arbeit nach Hause gekommen als vereinbart.«

6. Die subjektive (momentane) Welt / Sichtweise des anderen soll erst einmal erkannt und anerkannt werden. Das gilt besonders bei Streit zwischen Eltern und heranwachsenden Kindern.
   »Ich weiß, du bist z. Z. sehr verliebt, und das ist letztlich ein sehr schöner Zustand. Er rechtfertigt aber nicht, dass alles andere nun völlig nebensächlich ist. Ich bitte dich, erst deine Aufgaben zu erledigen, bevor du …«
   Oder: *»Ich sehe Ihre Lage und ich verstehe, dass Ihnen wohl weitgehend die Hände gebunden sind. Gerade deswegen möchte ich noch einmal versuchen, Ihnen einen Vorschlag zu unterbreiten.«*
7. Der Angegriffene oder Kritisierte sollte zunächst zuhören und versuchen zu verstehen, bevor er Stellung nimmt.
   »Bitte erklären Sie mir nochmals in aller Ruhe, was genau Sie an meinem Verhalten stört.«
8. Keine Interpretationen wie *»Das tust doch nur, weil …!«*
   Viel besser ist zu fragen: *»Wie kommst du darauf? Würdest du mir das bitte erklären?«* Oder: *»Welche Bedeutung steckt hinter dieser Überzeugung in Ihrem Konzern?«*
9. Jede Seite darf und soll signalisieren, wenn sie sich verletzt fühlt. Jeder sollte einen Angriff unter die Gürtellinie zurückweisen und benennen. Eventuell kann die weiße Flagge gehisst werden. Sie bedeutet: Bitte nicht so weitermachen.
   »Ich finde, das geht jetzt doch sehr ins Persönliche. Ich möchte nicht, dass wir das zum Gegenstand unseres Gesprächs machen.« Oder: *»Mit diesem Ausdruck bin ich nicht einverstanden. Ich möchte auch von Ihnen nicht so behandelt werden.«*
10. Ein Streit sollte auch durch eine symbolische Geste beendet werden.
    Das kann ein Handschlag sein, ein gemeinsam getrunkenes Glas Sekt zum »Vertragsabschluss« oder die wechselseitige Überreichung eines kleinen Geschenks. Manchmal ist es eine Presseerklärung, eine Mitteilung an alle Mitarbeiter. Es kann auch ein Versprechen / ein Gelübde geäußert werden.

Kapitel 5
Die Wogen wieder glätten: wie Deeskalation gelingt

Ein Wort gibt das andere, und schon eskaliert das anfangs so ruhige Gespräch und entwickelt eine unangenehme Eigendynamik. Oder: Ein Vorgesetzter kanzelt seinen Abteilungsleiter vor versammelter Mannschaft völlig ungerechtfertigt ab. Oder: Eine Gruppe von Jugendlichen steht auf dem S-Bahnsteig und signalisiert Krawall, sodass man Angst um seine Gesundheit haben muss. Oder: In einer politisch gefärbten Diskussion schlagen die Wogen immer höher, und binnen Kurzem schreien sich die Teilnehmer an, lassen einander nicht aussprechen. Sosehr die öffentlichen (Talkshow-)Auftritte zuweilen einer Theater-Inszenierung ähneln und damit noch einen gewissen Unterhaltungswert haben, so sehr geht es den meisten Menschen auf den Geist, wenn ihnen im persönlichen Gespräch »die Nerven durchgehen« und man sich hinreißen lässt, Dinge zu sagen oder zu tun, die man kurz hinterher bereut. Und: Hat man nicht gerade im Kreis der Familie, wo jeder jeden gut kennt und von seinen Schwachstellen weiß, besonders häufig Gespräche, die entgleisen?

Welche Folgerungen können wir konkret für Gesprächssituationen ziehen, die wir zunehmend als schwierig erleben?

Das Zauberwort scheint Gelassenheit zu sein. Wenn wir Gespräche, vor allem im öffentlichen Raum, erfolgreich führen wollen, müssen wir – bei aller Authentizität – über die Gabe verfügen, uns emotional zurücknehmen zu können, uns also nicht provozieren zu lassen. Dazu gehört auch die Gabe, sich gerade in schwierigen Situationen nicht in das Geschehen hineinziehen zu lassen. Ein gewisser Abstand zum Geschehen wie zu sich selber im Sinne von *»Ich muss das nicht alles persönlich nehmen!«* ist hilfreich. Ganz sicherlich ist die persönliche, momentane Verfassung bedeutsam. Wer unter Stress steht, genervt ist oder unter Zeitnot leidet, wird sich schwerer tun. Wenn Öffentlichkeit dabei ist, ist die Kontenance noch wichtiger. Dies gilt vor allem für Frauen, weil diese dann – wenn sie selber laut und zornig werden – durch ihre Stimmlage viel eher als Männer als inkompetent angesehen werden. Immer wieder erlebt man bei Diskussionen, bei denen Medienvertreter dabei sind, dass besonders die Ausrutscher gesendet oder gedruckt bzw. kommentiert werden. Wird im beruflichen Bereich die erwartete Kompetenz besonders kritisch bewertet, so ist es im privaten Bereich eher der Vorwurf: *»Du willst mich einfach nicht verstehen. Du liebst mich nicht!«*, der den Beginn einer kommunikativen Katastrophe anzeigen kann.

Weiterhin sind der Ort und auch der Zeitpunkt für eine Intervention von Bedeutung. Im Büro meines Vorgesetzten muss ich wohl andere Karten spielen als am Stammtisch oder in der häuslichen Umgebung. Wenn ich auch als Person stimmig sein soll, werde ich mich doch auf die jeweilige Situation meines Gegenübers einstellen und situativ reagieren bzw. handeln müssen. Wenn ein Polizeiführer mit einer Masse von aufgebrachten Randalierern oder Fußball-Fans umgehen muss, wird er andere Werkzeuge einsetzen, als wenn eine Mutter ihre pubertierende Tochter davon überzeugen will, etwas anderes anzuziehen. Oder: Ich werde in der Öffentlichkeit von einem Benimmflegel beleidigt oder gar angegriffen. Jeder Fall hat seine eigene Geschichte und meist auch seine Vorgeschichte. Jede Auseinandersetzung findet in einem System mit eigenen Gesetzen und Regeln statt. Da kann ein falsches Wort, ja manchmal nur eine Geste, den aufgestauten Ärger zum eruptiven Ausbruch bringen.

Es ist auch zu überlegen, welche Rolle man in solch einem Gespräch hat: Ist man Partner, Vater / Mutter, Vorgesetzter, Mitarbeiter, Mit-Diskutant oder Moderator, Sitzungsleiter oder engagierter Bürger? Ist überhaupt eine Einigung oder Beschwichtigung wünschenswert? Oder ist das Verhalten des Gegenübers nur eine Ungezogenheit? Will mich da jemand bewusst provozieren oder vor anderen Personen lächerlich machen? Soll ich als Verwalter eines Amtes missbraucht werden? Meint man gar nicht mich, sondern meine Behörde oder meine Institution? Das ist sehr oft bei Polizisten oder Verwaltungsangestellten der Fall. Gerade wenn bei Menschen das Gerechtigkeitsempfinden verletzt wird, können starke Emotionen hochkochen und in Handgreiflichkeiten münden. Der seelische Zustand des Gegenübers, zumal wenn er fremd ist, ist nicht sofort zu erschließen. Ebenso wenig sind mir seine Wertvorstellungen zugänglich. Auch seine mögliche Gefährlichkeit ist nicht zu erkennen.

Gab oder gibt es Beschleuniger? Das sind z. B. Wartezeiten, ungerechte Behandlung im Vorfeld, triste Warteräume oder -flure. Manchmal sind arrogante Betreuer, die einem spüren lassen, wie unerwünscht man ist, Ursache für das plötzliche Entladen einer stets heruntergeschluckten Wut und Verzweiflung.

Da wir nicht wirklich wissen können, was unser Gegenüber bewegt oder zum Ausrasten bringt / gebracht hat, ist neben der aufmerksamen Gelassenheit das zweite klärende Vorgehen: freundliche Entschiedenheit.

Sie beginnt zweckmäßigerweise mit einem sanften Ausweichen, einem Anerkennen seines momentan anderen Zustandes und der Frage nach den Hintergründen seiner Befindlichkeit. Dabei muss die Frage nicht ausgesprochen werden, aber man sollte versuchen, sie sich zu beantworten: »*Wie kommt er dazu, sich so zu fühlen? Was kann da los sein? Meint der mich als Person oder ist der wütend auf das, was ich getan oder unterlassen habe? Kann der mich in meiner Position überhaupt verstehen?* »Es ist geschickt, auf eine scharfe Formulierung nicht mit gleicher Münze zu entgegnen – nach dem Motto: »*Wer mir blöd kommt …*« In der Kommunikation liegt die Macht eines guten Menschenbeeinflussers nicht darin, dass er sich Äußerungen oder ein Benehmen verbitten kann oder gar verbietet, sondern darin, dass er eine schwierige Situation human und gekonnt bewältigt. Da aufgebrachte und wütende Menschen auf Unsicherheit ihres Gegenübers im Allgemeinen mit noch mehr Gewalt in der Stimme reagieren, sollte freundlich aber auch unmissverständlich formuliert werden, wie man sich das weitere Vorgehen vorstellt. Das könnte u. a. so lauten: »*Ich sehe, Sie sind da sehr ärgerlich und Sie werden ganz sicher Ihre Gründe dafür haben. Ich habe, glaube ich, verstanden, worum es Ihnen geht. Darf ich Sie bitten, dass wir dieses Treffen dazu verwenden, eine Klärung zu nutzen? Bitte stellen Sie mir noch einmal dar, was genau Sie so ärgert. Und welche konkreten Vorstellungen Sie davon haben, wie wir diesen Konflikt angehen können.*«

Das ist – zugegeben – viel Stoff und nicht sofort von jedem intellektuell zu verarbeiten. Dann sollte man in kleineren Schritten vorangehen. Wesentlich ist, eine Bestätigung zu senden wie: »*Dein Anliegen ist bei mir angekommen. Der Zustand ist für dich unerfreulich.*« Und darüber hinaus die Bereitschaft zu signalisieren, etwas tun zu wollen im Sinne von: »*Wir können etwas tun, damit es besser wird.*«

Durch ein faires und korrektes Verhalten, durch eine klare Sprache, aber auch durch eine körpersprachliche Entschiedenheit (Blickkontakt, souveräne = große Gestik, Stimmführung etc.) wird dem Gegenüber signalisiert, dass man sich nicht alles gefallen lassen wird. Die Demonstration von Stärke kann auch dadurch geschehen, dass man im Gefahrenfall einen Plan hat, wie man sich verhalten wird: vom persönlichen Angriff bis zur Androhung von rechtlichen Schritten. Es ist eine Frage der sozialen Intelligenz, ob man sich mit- oder hinreißen lässt oder aber so schnell wie möglich auf den Weg der Sachlichkeit findet.

Die Komplexität solch einer Situation kann an folgendem Beispiel verdeutlicht werden: Abends kommt der Mann erschöpft von seiner Arbeit nach Hause. Er hat Erwartungen an seine Frau, freut sich auf den Feierabend, möchte vielleicht noch etwas Sport treiben. Aber: Seine Frau ist bei seinem Eintreten in einer scheußlichen Verfassung, denn sie hat sich wahnsinnig über ihren Vater geärgert. Alle Schwierigkeiten ihrer Beziehung sind durch ein Gespräch wieder nach oben gekommen, haben die wechselseitigen Vorwürfe reaktiviert und sind in einem sehr unangenehmen Gespräch am Telefon eskaliert. Wie verhält sich der Mann? (Und Männer verhalten sich hier üblicherweise anders als Frauen!) Geht er nach der Bemerkung: »*Ich sag dir doch immer wieder: Nimm den doch nicht so ernst.*« an den Kühlschrank und holt sich ein Bier? Oder neigt er dazu, das Erleben seiner Frau herunterzuspielen, indem er z. B. sagt: »*Schatz, das ist doch nichts Schlimmes. Wenn du wüsstest, was ich heute mit meinem Chef erlebt habe! Der hat doch glatt gemeint …*« Man ahnt, dass sich nach solchen Worten die Befindlichkeit der beiden an diesem Abend nicht unbedingt positiv entwickelt. Die Beschwichtigung – seitens des Mannes – sollte drei Schritte beinhalten: Zum ersten soll er mit seiner Frau mitfühlen. Dazu muss er sie dort abholen, wo sie ist: Sie ist wütend und enttäuscht und hängt – bildlich gesprochen – unter der Decke. Er muss also zu ihr hin, sie vielleicht etwas in den Arm nehmen und etwa sagen: »*Du, ich kann mir vorstellen, wie er hier bei dir alte Wunden wieder aufgerissen hat. Das tut weh. Und wahrscheinlich bist du sogar auf dich selbst auch sauer, dass du dich auf die Auseinandersetzung mit ihm eingelassen hast.*« Dann: Pause machen und auf die Entgegnung der Frau warten. Mit ihr – wieder bildlich gesprochen – sie am Arm haltend sanft von der emotionalen Höhe langsam heruntersteigen auf die Ebene der Ratio / Vernunft und nun möglicherweise fragen: »*Was können wir denn jetzt tun? Hast du einen Plan? Wie wirst du in Zukunft mit deinem Vater reden wollen?*« Also keine besserwisserischen Ratschläge geben oder gar sich selbst als positives Modell verkaufen, wie: »*Weißt du, wie ich solche Situationen immer bereinige? Ich lasse den einfach stehen. Du hättest einfach die Unterhaltung mit dem kleinen roten Knopf beenden sollen!*« Und ein dritter Schritt könnte sein: Die eigenen Bedürfnisse jetzt zurückstellen, um gemeinsam zu überlegen, wie man mit dieser unerfreulichen Sache nun umgehen will.

Es wird wahrscheinlich deutlich, dass neben dem vorrangigen Mitfühlen – das ist eine »Herzsache« – das Verstehen – das ist »Hirnsache« – dann die positive Gemeinsamkeit – das ist die soziale Komponente – für die Deeskalation von großer Bedeutung ist. In solchen

Situationen ist es sehr hilfreich, Fragen zu stellen und gut zuzuhören, um an die wahren Bedürfnisse einer Person heranzukommen. Man wird dann oft feststellen, dass die massiven Unmutsäußerungen der anderen Person primär gar nichts mit mir selbst zu tun haben, weshalb ich mich auch nicht aus dem Konzept bringen lassen muss.

Was sind nun besondere Techniken, um deeskalierend zu wirken?

Keine Gegenprovokation

Wie es in den Wald hineinruft, so schallt es zurück! ist eine falsche Vorgehensweise. Eskalierende Gespräche führen fast immer zu persönlichen Schäden. Eine emotionale Inkontinenz rächt sich meist auch in der Form, dass man sich hinterher für die eigenen Entgleisungen schämt. Also: Sich nicht von einem Provokateur anstecken lassen. »Besser sein« bedeutet in solch einem Fall, die eigenen Bedürfnisse, Wünsche und Vorstellungen zu artikulieren, ohne sein Gegenüber persönlich zu verletzen, vorzuführen oder anzugreifen. Respektvoll dem Menschen gegenüber und in der Sache klar sein.

Die Haltung: »*Ich lasse mich nicht von dir / von Ihnen anstecken, provozieren.*« ist wie die Schiene für einen Zug, der nicht entgleist. Salopp und nicht sehr menschenfreundlich sagt der Volksmund: »*Was kümmert's die Eiche, wenn sich die Sau an ihr reibt!?*« Oder: »*Was juckt's den Mond, wenn der Coyote heult?*«

Netzwandtechnik

Aggression erzeugt Gegenaggression, sagt man. Das muss, soll nicht stimmen. Physikalisch ist richtig, dass ein gegen eine harte Wand geknallter Ball heftig zurückspringt. Bei der Aggression muss es so nicht sein. Wenn der Ball an eine Netzwand geworfen wird, gibt sie etwas nach, die Energie des Balles verpufft, er fällt nach unten und die Netzwand schwingt völlig unbeschädigt in die alle Form zurück. Das hat etwas mit der asiatischen Kampfsportart Aikido zu tun. Man könnte sprachlich also auch so reagieren: »*Ich merke, Sie sind ziemlich erbost und wohl auch ärgerlich und Sie werden Ihre Gründe dafür haben. Das ist ein ziemlich unguter Zustand. Was kann ich konkret für Sie oder mit Ihnen tun, um den Zustand zu verändern?«*

Wichtig ist, sich nicht von der massiven Stimmung des anderen anstecken zu lassen. Zugleich aber ein fragendes Verständnis zu zeigen und die Bereitschaft mitzuteilen, etwas zu verändern. Es kommt in dieser ersten Begegnung nicht zu einer Zurückweisung oder zu einer Maßregelung oder einer Rechtfertigung etc., sondern: Die aufgebrachte Person wird respektvoll und in ihrer Würde angenommen, ohne dass man ihr Verhalten gut finden muss bzw. akzeptiert. Es empfiehlt sich – wenn die Situation das hergibt –, nach dieser ersten Intervention etwas gemeinsam zu tun: Ein paar Meter zu gehen oder sich hinzusetzen oder zu fragen, ob man erst einmal einen Kaffee zusammen trinken will. Es handelt sich dabei um eine Ablenkung oder um ein geistiges Abstandnehmen.

Keine (Killer-)Phrasen

Ist es nicht ziemlich ärgerlich, wenn ein zuständiger Beamter / Betreuer / Berater etc. im Brustton der Überzeugung sagt: »*Es tut mir wirklich sehr leid, aber ich kann Ihnen nicht …*« Wir spüren förmlich die Floskel. Auch Aussagen wie: »*Das geht nicht! Da könnte ja jeder machen, was er wollte.*« oder »*Sie sollten sich da erst einmal schlau machen.*« oder »*Wer glauben Sie denn wer Sie sind!?*« oder »*So läufst du mir nicht rum.*« oder »*So was hat noch nie geklappt!*« oder »*Das können Sie Ihrer Oma erzählen!*« oder »*Das ist doch alles nur Theorie.*« verunsichern und provozieren so förmlich den Widerspruch. In jedem Fall sind solche Sätze verletzend. Sie signalisieren Unverstehen und sind eher ein Indikator für mangelnde soziale Intelligenz.

Wenn wir so angesprochen werden, bieten sich Fragen an wie: »*Was genau meinen Sie mit ›Das geht nicht‹? Was genau geht nicht?*« Oder: »*Mich würde interessieren, was Sie konkret damit meinen?*« Oder: »*Können Sie mir erklären, welchen Spielraum Sie selbst sehen und was Sie möglich machen wollen?*« Oder: »*Wenn das noch nie gemacht wurde, bedeutet das nicht, dass es nicht geht. Finden Sie nicht, dass ein wacher*

Geist alles einmal zum ersten Mal getan hat?« Oder: *»Ja, es ist Theorie, die uns sagt, wie es geht. Die Praxis weiß oft nur, dass es geht, aber sie weiß nicht, warum. Wäre es nicht gut, wenn wir …?«*

Mit solchen Fragen fällt der autoritäre, schulmeisterliche Ton weg, und wir sprechen mit dem anderen so, wie er auch mit uns sprechen sollte (Reversibilität).

Sprachliche Wendungen

Gerade in schwierigen Gesprächssituationen ist es nicht gut, noch Öl ins Feuer zu gießen. Von daher kommt dem geschulten Gesprächspartner eine hohe Bedeutung zu: Er muss spüren, was zu einer Verschärfung der Lage führen könnte und was – bei aller Akzeptanz der emotionalen Lage des Gegenübers – die Auseinandersetzung möglichst friedlich zu einem guten Ziel führt. Es kommt darauf an, auf was man eingeht, was man betont oder aber überhört (selektive Verstärkung). Als jemand, der deeskalierend wirken will, muss ich mich hüten, Vokabeln oder Aussagen zu benutzen, die bei meinem Gegenüber sofort Widerstand (Reaktanz) hervorrufen wird. Solche Worte bzw. Sätze sind zum Beispiel Sätze, die mit »Ja, aber …« beginnen, denn *aber* signalisiert, dass die Aussage meines Gegenübers sofort relativiert oder gar für falsch gehalten wird. Analog verhält es sich für Worte bzw. Sätze wie nie, alle, keiner, jedes Mal, alle müssen, immer etc.

Wer solche Vokabeln benutzt, provoziert Widerstand: *»Du hast mir noch nie Blumen mitgebracht!«* Oder: *»Alle guten Deutschen müssen …«* Oder: *»Keiner liebt mich!«* Oder: *»Jedes Mal kommst du zu spät!«* wird als Kampfansage verstanden, und es kommt zu einer Verschärfung der Aussprache.

Dagegen wirken andere Worte und Wendungen entschärfend. Wenn sich jemand jammernd beklagt, kann es hilfreich sein, ihn aus dieser Klagespur herauszuholen, indem man fragt: *»O. k., das war so. Was würdest du dir konkret wünschen, damit es wieder besser wird?«* Auch die Worte »sondern« und »alternativ« können hilfreich sein. Da beschreit ein frustrierter Mitarbeiter einen Prozess, der einfach nicht vorankommt. Eine mögliche Entgegnung wäre: »*Hhm, so scheint es nicht zu funktionieren. Welche Alternativen sehen Sie?*« Oder die Ehefrau sagt: »*Ich will aber nicht schon wieder in die Berge.*« Entgegnung: »*Sondern? Was möchtest du dieses Jahr mit mir zusammen unternehmen?*«

Und wenn jemand verzweifelt sagt: »*Ich kann das nicht!*«, kann es motivierend sein, wenn man entgegnet: »*Ja, das ist nicht ganz einfach. Und es fällt dir noch schwer, das hinzubekommen.*«

Jede handlungsorientierte Frage kann den Blick aus dem Jammertal führen: »*Was würdest du denn jetzt am liebsten tun, um diesen Zustand zu überwinden?*«

Auf die Aussage: »*Das ist meiner Meinung nach ziemlicher Unsinn.*« kann man entgegnen: »*Aus deiner bisherigen Erfahrung scheint dir das nicht sinnvoll zu sein? Andere Firmen haben mit diesem Vorgehen beachtliche Erfolge erzielt!*« Alle Formulierungen, die den anderen nicht bloßstellen und im Gespräch halten, sind als positiv anzusehen wie: »*Das war Ihnen bisher nicht so klar?*« Oder: »*Du hast die kaufmännische Seite gut im Blick und hast die psychologische Seite unserer Kunden noch nicht so ernst genommen?*«

VW-Regel

Meistens beginnen eskalierende Gespräche mit Vorwürfen (V), die sofort zu einer Gegendarstellung bzw. Rechtfertigung führen und ihrerseits wieder Vorwürfe beinhalten wie zum Beispiel: »*Du hast schon wieder …*« Oder: »*Das stimmt gar nicht … Du hast selber nicht …!*«. Würde man sich die kleine, gescheite Mühe machen, die etwas missmutige Äußerung in einen Wunsch (W) umzuformulieren, wäre eine unterschwellige Aggression vermieden und das Gespräch nähme einen ganz anderen Verlauf. Zum Beispiel: »*Wir haben schon mal darüber gesprochen. Ich möchte dich bitte, deine Schuhe …*« Oder: »*Oh, da habe ich zukünftig einen Wunsch an dich: Würdest du mir bitte immer Bescheid sagen, wenn du wieder …?*« Dies ist ein im Grunde sehr einfaches Vorgehen. Der Betroffene fühlt sich nicht angegriffen, muss sich also auch nicht verteidigen, und er weiß jetzt ganz genau, was sich sein Gesprächspartner zukünftig von ihm wünscht! Er kann sich auch nicht falsch verstanden fühlen. Er kann überlegen, wie er in Zukunft besser auf die Wünsche eingehen wird. Bei Kindern, die immer wieder ihre Sachen einfach da fallen und liegen lassen, wo sie gerade sind, tut es über längere Zeit der Beziehung nicht gut, wenn die Mutter z. B. immer wieder sagt: »*Du Schlamper – kapierst du immer noch nicht, wo die Sachen hingehören?!*« Auch hier wäre der Wunsch besser als die Vorhaltung – gekoppelt mit einer konsequenten aber liebevollen Kontrolle.

Sprachliche Gewalt

In ganz seltenen Fällen kann es sinnvoll sein, auf einen sprachlichen Randalierer oder einen Benimmflegel mit gespielter Aggression zu reagieren. Ein Beispiel: In das Dienstzimmer eines Sozialberaters stürmt ein offensichtlich angetrunkener Ratsuchender und schreit den Angestellten in einer beleidigenden Form an. Der springt auf und schreit zurück: »*Hier wird nicht geschrien! Wenn hier einer schreit, dann ich. Ist das klar? Haben Sie überhaupt gedient?*« Etwas erschrocken salutiert der »Flegel«, sagt seinen ehemaligen Dienstgrad. Der Angestellte sagt: »*Raus! Anklopfen! Warten!*«

Solche paradoxen Verhaltensweisen können in bestimmten Fällen sinnvoll sein, wenn man danach zu einer angemessenen und die Personen respektierenden Gesprächsführung zurückfindet.

Man kann wohl davon ausgehen, dass von Menschen, die in einem Umfeld von Gewalt und sprachlichem Unvermögen aufgewachsen sind, sanfte und freundliche Worte anfangs nur als Schwäche ausgelegen werden. Vor allem eine aufmüpfige Gruppe z. B. abends auf dem Marktplatz oder auf einem dunklen Grillplatz benötigt klare und unmissverständliche und entschiedene Anweisungen.

Reframing

Ein psychologischer Kunstgriff ist es, bei allem, was uns negativ stimuliert, was uns also aufregt oder wütend macht, neben der Anerkennung des emotionalen Zustandes mit Taktgefühl beim Gegenüber eine andere Sichtweise des Geschehens anzuregen.

Ist also jemand sehr ärgerlich, weil er z. B. von mir im Geschäft nicht rechtzeitig oder umfassend informiert worden ist, nehme ich seinen Ärger erst einmal an (s. o. unter Netzwandtechnik). Dann versuche ich, ihm deutlich zu machen, dass dieser Vorgang zeigt, dass wir in der Binnenkommunikation besser werden können und müssen. Wir überlegen, wie wir solche Pannen in Zukunft vermeiden können, und installieren eine »Sicherung«. Zusätzlich können wir überlegen, wie wir auch andere wichtige Personen gewinnen können, Ähnliches zu tun. *»Herr X, bei allem berechtigten Ärger hat die Sache doch auch ihr Gutes: Wir haben jetzt ein System zur künftigen Vermeidung solcher Missstände etabliert.«*

Es ist auch grundsätzlich ein deeskalierendes Verfahren, im Schlechten auch nach dem Guten zu suchen und im Guten auch das Schlechte zu ahnen. Dadurch werden überschäumende Gefühle etwas neutralisiert. Es gilt zu bedenken: »Kein Brei wird so heiß gegessen, wie er gekocht wird.«

Reframing bedeutet, ein Ereignis oder Vorkommnis in einem anderen Rahmen zu betrachten und zu erleben. Es ist die Sichtweise auf das halb leere oder auf das noch halb volle Glas. Eine etwas makabre Lebensklugheit mag das verdeutlichen: »Ich klagte über kalte Hände und Füße, bis ich jemanden sah, der keine Hände und keine Füße mehr hatte!« Was ist das Gute beim Regenwetter? Was ist das Positive an meiner Erkältung? Wo liegen die Vorteile einer jetzt gestellten Diagnose beim Arzt? Vielleicht ist es eine billige Tröstung, wenn wir uns die Welt ein wenig schöner lügen oder denken. Das mag sein, aber dieses eher optimistische Vorgehen ist für ein positives Befinden nachgewiesenermaßen hilfreich.

Wunderfrage

Eine immer wieder interessante Frage – auch in schwierigen Umständen – ist die nach dem möglichen Idealzustand einer Situation oder Beziehung. Wenn ich gar nicht auf die provokanten Vorhaltungen meines Gegenübers eingehe, sondern ihn nur nachdenklich frage: »*Wie stellst du dir idealerweise vor, wie wir in solchen Fällen miteinander umgehen sollten?*«, wird aller Wahrscheinlichkeit nach keine weitere Aggression erfolgen, sondern der Wutsturm durch Nachdenken unterbrochen. Es ist immer wieder festzustellen, dass unzufriedene Menschen oft sehr gut formulieren können, was sie nicht wollen, aber kaum imstande sind zu sagen, was sie genau wollen. Wenn das aber formuliert ist – im Sinne von: »Was genau will ich eigentlich?« –, geschieht oft etwas Sonderbares: Unser Unbewusstes hilft uns, Kräfte zu aktivieren, die das Erreichen des vorgestellten Ziels besser ermöglichen. Denn an solch eine Frage schließt sich im Allgemeinen die nächste an: »*Und was, denkst du, müsste geschehen, dass dieser Idealzustand möglich wird?*«

Die Wunderfrage kann man sich, wenn man in einer depressiven Verstimmung hängt, auch selber stellen: »*Wie wäre es, wenn jetzt diese trübe Stimmung nicht wäre, sondern es mir richtig gut ginge?*« Allein vom Gut-Sein und Gut-Gehen eine Vorstellung zu haben, entwickelt bereits eine andere Befindlichkeit. Denn im Allgemeinen wird man sich überlegen, wie man – schrittchenweise – in Richtung des Ziels vorankommen kann.

Selektive Verstärkung

Eine grundsätzliche Methode, um eine Eskalation abzuschwächen oder gar zu vermeiden, ist die selektive Verstärkung. Ich gehe im Gespräch nur auf das ein, was deeskalierend ist: Ich werde keine scharfen Formulierungen oder Fäkal-Ausdrücke meines Gegenübers bestätigen oder verwenden. Ich werde nicht auf die Angriffe oder das Gejammere eingehen. Ich werde mich nicht an der Beschimpfung einer dritten, abwesenden Person beteiligen.

Ich sage ruhig und verständnisvoll z. B.: »*Du hast das so wahrgenommen und hast dich geärgert. Nun ist das ja kein Zustand, der erfreulich wäre, wenn er so bliebe.*« Oder: »*Es geht dir im Moment nicht so gut. Du kennst das, es geht in unserem Alter mal auf, mal ab und genau deshalb müssen wir selbst dafür sorgen, dass wir uns nicht ärgern.*«

Manchmal ist es auch sehr wirksam, das negative Verhalten des Gegenübers direkt anzusprechen und »umzubiegen«. So könnte man sagen: »*Ich hab das nicht gern, wenn ich dich klagen und jammern höre. Ich denke, du hast so viel positives Potential in dir, um das Leben zu genießen. Ich bin viel lieber mit dir zusammen, wenn du guter Laune bist!*« Es ist, denken wir, unser Recht, uns vor kommunikativer Verschmutzung zu bewahren. (Wenn man immer nur mit gehbehinderten Menschen zusammen ist, fängt man bald an selbst zu humpeln.) Und nie sollten wir vergessen, dass ein gutes Vorbild in der Kommunikation eben auch ansteckend sein kann.

Auch die Ja-Nein-Ja-Technik bietet sich als Deeskalationstechnik an, die im Kapitel »Nein«-Sagen ausführlich beschrieben wird.

Abschließend und zusammenfassend meinen wir:

- Die innere Einstellung ist bedeutsam für jedes Gespräch, besonders aber für Gespräche, die einen schwierigen Verlauf haben könnten: Ob jemand auf Kampf oder Friedlichkeit, auf Kompromiss oder rabiate Durchsetzung seiner Vorstellungen eingestellt ist, wird nicht nur die Wortwahl bestimmen, sondern auch das unausgesprochene Klima des Gesprächs maßgeblich beeinflussen.
- Ein guter Gesprächspartner wird sowohl die emotionale Befindlichkeit wie das sachliche Anliegen seines Gegenübers ernst nehmen und wirklich verstehen wollen.
- Der gebildete/trainierte Gesprächspartner wird durch eine überlegte Wortwahl Spannungen abbauen. Er wird Fragen stellen, statt (zu früh) Ratschläge zu erteilen.
- Günstig ist fast immer, nach einer Bestandsaufnahme der Gefühle (Mitgefühl) das Gespräch auf die Handlungsebene zu führen.

- Respekt der Person gegenüber und Gelassenheit in sich bilden die Grundlage für eine wohltuende Souveränität. Es ist auch eine Frage der inneren Haltung, sich nicht provozieren zu lassen.
- Bei jedem Gespräch sollte nicht nur die aktuelle Problematik bewältigt werden, sondern auch an eine mögliche gemeinsame Zukunft gedacht werden.

Kapitel 6
Die Kunst des positiven »Nein«sagens

Unser ganzes Leben dreht sich letztlich immer wieder um Zustimmung und Ablehnung. Schon Kleinkinder können auf ihre Art sehr deutlich zum Ausdruck bringen, was sie wollen und was sie nicht wollen. Und bereits in diesem Kleinkindalter entscheidet sich in groben Zügen, ob und wie dieses Menschlein mit dem elterlichen Nein, mit Grenzen umgeht und wie es dereinst Absagen formulieren wird.

Uns Menschen fällt üblicherweise das Ja-Sagen viel leichter, als etwas zu verneinen. Unsere psychobiologischen Wurzeln prädestinieren uns auf Zustimmung: Es war sinnvoll, mit der Gruppe / Horde zu gehen, mit ihr zu leben, mit den Starken und Mächtigen zu stimmen. Denn Verneinung barg immer die Gefahr der Bestrafung oder des Ausschlusses.

Wer anderen Menschen gegenüber Ja sagt, erhält die gute Beziehung. Wer Nein sagt, riskiert einen Machtkampf. Er muss begründen, erklären, sich vielleicht sogar ins Abseits stellen lassen. Als Verantwortlicher – vor allem im Berufsleben – wird man immer wieder genötigt sein, Entscheidungen zu treffen, die stets auch ein Nein beinhalten können. Das ist nicht immer eine einfache Position. Nun leben wir nicht mehr in der Urzeit oder in autoritären Systemen. In einer Demokratie, in einer freiheitlichen Gesellschaft ist Widerstand genauso akzeptabel wie Zustimmung (zumindest nach der reinen Lehre!). In der (Berufs-)Praxis zeigt sich aber, dass es eine ungleich größere Gruppe von Ja-Sagern als von Nein-Sagern gibt. Kommt das daher, dass diese Gruppe mit allem und jedem zufrieden ist? Stimmen diese Menschen vielleicht zu, weil sie selber keine eigene oder bessere Meinung haben? Oder sorgen sie sich um die möglichen Folgen eines lauten Neins?

Haben sie Angst, sich unbeliebt zu machen und dadurch berechtigte Nachteile zu erfahren?

Untersucht man dieses sozialpsychologische Phänomen, stößt man bei Menschen auf wenigstens drei – im besseren Fall auf vier – Verhaltensmöglichkeiten, das Spannungsverhältnis zwischen Machtausübung und Beziehungspflege zu bewältigen.

- Man passt sich an, schwimmt mit, macht mit, was andere tun oder erwarten. Hier kann man sehr gut an den Beruf denken, wo mehr oder weniger stark ausgeprägte Hierarchien bestehen. Und jede höhere Ebene meint, der niedrigeren Anweisungen oder Befehle geben zu können. Bevor man sich als Nachgeordneter Scherereien einhandelt, stimmt man – zuweilen mit der Faust in der Tasche – zu. Das wird in vielen Fällen sicherlich als eine mehr oder weniger klare Zustimmung verstanden. Es kann aber auch sein, dass man sich nicht traut, in einen offenen Widerstand zu gehen: entweder, weil man angeblich die Beziehung oder die gute Stimmung nicht gefährden will oder weil man Angst vor möglichen Folgen hat. Man möchte sich durch Zustimmung, gerade wenn man anderer Meinung ist, seinen womöglich nur vorübergehenden Frieden im Sinne von *»Du hast recht und ich habe meine Ruhe!«* erkaufen. Hinter dieser Anpassung steckt immer der intensive Wunsch nach Geliebt- und Gemocht-Werden. Das könnte so lauten: *»Hhm, ja, ich denke, ich kann das machen.«* Oder: *»Wenn Sie es so sehen, kann ich da mitziehen.«*
- Die zweite Art des Verhaltens in solch einem Konfliktfall ist die unangemessene, oft schroffe oder barsche Absage. Ja, man könnte fast von einem Angriff sprechen. Wenn man sich die Macht zutraut oder zu haben glaubt, führt ein Gefühl des Zorns oft dazu, sich überzogenen Forderungen schroff und eindeutig zu entziehen, ohne sich dabei wirklich über die möglichen Folgen im Erleben des Gegenübers Gedanken zu machen: Die Beziehung zum Partner ist einem dann eher gleichgültig. Das einmal eventuell zu rasch ausgespro-

chene Nein kann dann oft nicht mehr ohne Gesichtsverlust zurückgenommen werden. »*Nein, das geht nicht. Da spiele ich nicht mit!*« Oder: »*Das hatten wir bei meiner Einstellung anders verabredet. Das ist keine Aufgabe für mich!*« Selbst wenn man hier recht hat, wird sich die fehlende Konzilianz bei einem schroffen Nein längerfristig negativ auswirken. Wo kein Entgegenkommen und keine Kompromissbereitschaft gezeigt werden, verhärtet sich das Klima.

- Auch die dritte Möglichkeit, solch einen Konflikt zu lösen, wird gern ergriffen: das Ausweichen. Man möchte nicht dem geäußerten Wunsch oder der gestellten Forderung nachkommen, traut sich aber auch nicht, klar und deutlich Nein zu sagen. Sowohl in Beziehungen in der Familie, zwischen Freunden und Nachbarn wie auch in Unternehmen neigt man zu Ausflüchten und zu einem mehr oder weniger geschickten Vermeidungsverhalten. Dies entspricht der menschheitsgeschichtlich uralten Schreckstarre. Menschen, die diese feige Verhaltensweise bevorzugen, fressen ihren Konflikt-Kummer in sich hinein. Sie tun so, als wäre alles in Ordnung, aber in Wirklichkeit meiden sie die notwendige Konfrontation durch Wegschauen oder Leugnen in der falschen Hoffnung, das Problem möge sich irgendwie in Luft auflösen. »*Ich würde dir da gern behilflich sein, aber leider habe ich genau zu dem Zeitpunkt einen Termin beim Anwalt.*« »*Dazu würde ich noch die Unterlagen unserer Partner in Japan benötigen. Wenn Sie mir die besorgen können.*« Oder: »*Wenn Sie den Leiter der Abteilung XY dazu bringen mitzumachen* – was sehr unwahrscheinlich ist –, *werde ich mit meinen Leuten ebenfalls …*« Es gibt unglaublich gute, witzige und auch unverschämte Formulierungen, die ein ehrliches Nein verschleiern.

Diese drei Vorgehensweisen treten auch zuweilen in Kombinationen auf: Anfangs drückt man sich z. B. um eine Entscheidung (Ausweichen), um dann ein mehr oder weniger schwaches bzw. starkes Nein (Angriff) zu wagen, um dann – nach intensiver Bearbeitung durch das Gegenüber – doch schweren Herzens zuzustimmen (Anpassung).

Die reifere oder gekonntere Möglichkeit, in Konfliktfällen klar und trotzdem beziehungspfleglich zu entscheiden, liegt in der Anwendung der Methode des positiven Neins (Ury 2009).

Dieses Vorgehen beruht auf der Überzeugung, dass jeder das Recht und die Pflicht hat, seine Meinung zu haben, äußern zu dürfen und auch äußern zu sollen. Die geäußerte Meinung basiert auf einem klaren Wertekanon. Das heißt, dass man gerade in einem Konfliktfall nicht nur weiß, was man nicht will, sondern eben auch formuliert, wofür man ist. Konkret: Sie bekommen überraschend eine Einladung, der Sie deshalb nicht folgen wollen, weil Sie dort Menschen treffen, die Ihnen überhaupt nicht liegen. Beginnen Sie Ihre Absage nicht mit einer Ausflucht oder einem schroffen Nein. Beginnen Sie mit dem, wozu Sie stehen, also mit einem Ja. Das könnte so lauten: »*Danke für eure freundliche Einladung. Ihr wisst, wir sind gern mit euch zusammen.* (Das Ja) *Zugleich habt ihr Menschen eingeladen, die uns so gar nicht liegen, und wir möchten nicht in eine Rolle kommen, in der wir freundlich tun müssen, obgleich uns gar nicht danach zumute ist.* (Das Nein) *Könnt ihr das verstehen?*« (Man bittet um ein Ja!)

Oder ein anderes Beispiel: Ein Freund bittet Sie, ihm einen größeren Geldbetrag zu leihen. Wählen Sie keine Ausflüchte. Sagen Sie höflich und bestimmt, was Sie spüren. Zum Beispiel: »*Peter, mir bedeutet unsere Freundschaft viel.* (Das Ja) *Und zugleich habe ich ein schlechtes Bauchgefühl, wenn es zwischen uns um Geld geht. Das könnte leicht unsere Beziehung belasten. Deshalb werde ich deinem Wunsch nicht nachkommen.* (Das Nein) *Ob du das akzeptieren kannst?*«

Ihr Vorgesetzter bittet Sie oder verlangt gar von Ihnen, dass Sie am kommenden Wochenende einen ihrer Mitarbeiter mit dem Firmenwagen bei ihm vorbeischicken, um Möbel zu transportieren. »*Herr Graber, das wäre in der Tat kein Problem und ich würde Ihnen sehr gern behilflich sein.* (Das Ja) *Sie wissen aber, wie schnell sich das rumsprechen könnte, und ich denke, es würde Ihnen und mir schaden, wenn Sie sich unerlaubt Vorteile verschaffen würden.* (Das Nein). *Ich überlege gern, wie ich Ihnen helfen kann, die Möbel zu Ihrer Tochter zu schaffen.*«

Eine sehr attraktive Kollegin macht Ihnen – Sie sind ihr hierarchiemäßig gleichgestellt – den Vorschlag, sich wechselweise Überstunden zu bestätigen. Das hätte auch für Sie einen großen Reiz. Aber Sie möchten diesem Angebot ungern nachkommen. Sie könnten formulieren: *»Mensch Beate, das wäre eine reizvolle Sache und es käme uns tatsächlich kurzfristig zugute.* (Das Ja) *Andererseits würden wir uns angreifbar machen, und das möchte ich weder dir noch mir zumuten.* (Das Nein) *Lass uns dafür Sorge tragen, dass wir – auch den Kollegen gegenüber – fair und sauber bleiben, dann haben wir uns nichts vorzuwerfen. Also, nimm mir bitte nicht übel, wenn ich da nicht mitspiele. Bist du einverstanden?«*

Es soll dem Gegenüber deutlich werden, dass Sie für etwas sind, nicht dass sie grundsätzlich nur dagegen sind. Es ist in solchen (Konflikt-)Situationen sehr wichtig, die eigenen Bedürfnisse oder die der eigenen Familie, der eigenen Firma zu schützen und ein klares Konzept zu haben, diese auch zu verteidigen. Und noch etwas sehr Wichtiges ist bei betrieblichen oder karrieremäßigen Schummelabsprachen zu bedenken: Man macht sich wechselseitig voneinander abhängig oder gar erpressbar, wenn man ein gemeinsames Fehlverhalten verantwortet. Das kann sich, zuweilen auch noch Jahre später, als Riesenproblem darstellen.

Ein positives Nein hat seine Wurzeln in einem klaren Ja zu den eigenen, momentanen und längerfristig gültigen Wichtigkeiten. In einem weiteren Schritt empfiehlt es sich, sich zu vergewissern, ob der Angesprochene das so geäußerte Nein akzeptieren kann. In diesem Dreiklang: Ja-Nein-Ja bleibt die Beziehung relativ unbeschädigt, und man hat zugleich seinen Selbstrespekt bewahrt. Denn nichts kränkt mehr, als wenn man freiwillig und ohne wirkliche Not gegen seine Überzeugung Ja sagt, wenn man eigentlich Nein meint. Mein Partner soll genau wissen, wofür ich mich entscheide.

Kommen wir zurück auf den Eingangsgedanken. Da wir uns – instinktlos – immer wieder entscheiden müssen, sich also alles zwischen Ja und Nein abspielt und wir durch unser Gewissen darauf angewiesen oder angelegt sind, korrekt zu sein (Authentizität), zugleich aber auch für unsere seelische Stabilität sorgen müssen, schwächen uns alle Unredlichkeiten wie z. B. innere Widersprüche. Das ist latent krank machend. Außerdem spüren sensible Menschen den Widerspruch zwischen unserer Aussage und der dahinter versteckten wirklichen Meinung. Deshalb ist es ein Akt der Fairness, das Nein-Sagen auch so zu verstehen, dass man zu sich selbst Ja sagen soll. Die eigenen, i. d. R. ja berechtigten, Bedürfnisse sind zu schützen und zu bewahren, ohne den anderen zu schädigen. Wenn ein Mensch einen anderen um einen Gefallen bittet, rechnet er unausgesprochen mit einem Ja. Und er wird bei einem Zögern seines Gegenübers seine besten Mittel, eben auch zuweilen Macht, einsetzen, um zu seinem Erfolg zu kommen. Um seine Familie, seinen Betrieb oder gar die gesellschaftlichen Errungenschaften wie Demokratie zu schützen, ist das mächtigste Wort in der heutigen Zeit möglicherweise das Nein. Auch das Nein zu Missständen, Überforderungen, Ungerechtigkeiten und möglichen Verführungen. Jeder, der sich einem Verhaltensveränderungsprogramm wie z. B. einer Gewichtsreduzierung, Raucherentwöhnung etc. unterzieht, kann mit einem eindeutigen Willen und einem klaren Konzept der immer möglichen Schwäche begegnen. Menschen, die über diese Eigenschaft verfügen, sind zur Führerschaft geeignet. Ihnen geht es nicht nur um die eigenen Wünsche. Sie können diese gut mit den Bedürfnissen des Gegenübers abstimmen und eine Win-win-Situation herstellen, in der keiner verliert. So bleibt die Beziehung in wechselseitigem Respekt intakt.

Hier geht es oft nicht um rhetorische Brillanz, sondern um Ehrlichkeit. Und diese ist im zwischenmenschlichen Bereich nicht einfach. Man darf sich ruhig zu solch positiven Entscheidungen in negativen Situationen quälen: »*Tobias, ich verstehe deinen Wunsch. Und es ist auch ganz pfiffig, wie du das Ziel erreichen willst. Mir macht das aber ein ganz flaues Gefühl im Magen, und ich höre da gern auf meinen Bauch. Es ist mir unwohl dabei und ich bitte dich um Verständnis, dass ich dich da nicht unterstützen kann, weil ich unsere Freundschaft nicht auf einer Lüge aufbauen möchte. Kannst du das nachvollziehen?*«

Kein einfühlendes Verstehen:

- *»Ich würde heute gern ins Kino gehen.« – »Nee, bloß nicht wieder so 'n blöden Film!«* (Geht auf Äußerungen des anderen gar nicht ein.)
- *»Wollen wir nicht mal wieder …?« – »Hör bloß mit dem Quatsch auf!«* (Geht nicht auf die gefühlsmäßigen Erlebnisinhalte des Gegenübers ein; hört gar nicht zu.)
- *»Wir sollten mal wieder meine Eltern besuchen.« – »Du, ich hör mir das von deinem Vater nicht wieder an. Du kannst ja allein hinfahren.«* (Versteht wohl etwas anderes, als der Partner meint; interpretiert und betont das Trennende.)
- *»Forschungen haben gezeigt, dass …« – »Herr Kollege, labern Sie uns nicht mit dem Unsinn voll!«* (Vorgefasste Meinungen schließen die Meinung eines anderen Experten völlig aus.)
- *»Ich fände es schön, wenn du mir mal …« – »Ach du Schreck, wieder diese Psychomasche!«* (Eigene Empfindungen werden in den Vordergrund gestellt; abwertende Beurteilung der Aussage des Gegenübers.)
- *»Ich habe da richtige Angst gespürt und wusste nicht, was ich …« – »Ich hab dir schon so oft gesagt: Halt dich da raus! Außerdem bist du da viel zu empfindlich!«* (Die Aussage ist nicht bei dem, was die andere Person sagt und fühlt; sie ist belehrend und missachtend.)

Hier wird durch schroffe Äußerungen die innere Welt der anderen Person nicht geachtet. Die Aussagen gehen an den wirklichen Bedürfnissen des Gegenübers vorbei. Durch Abwertungen und durch das Nichteingehen auf die gefühlsmäßigen Erlebnisinhalte wird die Beziehung angegriffen.

Äußerungen des einfühlenden Verstehens (bei Absagen und durch Nein-Sagen)

- *»Würdest du für mich mal bitte schnell diesen Artikel durchlesen?« – »Oh, das interessiert mich. Ich bin zurzeit an einer Sache, die ich erst zu Ende bringen will. Ich hoffe, du verstehst das?«* (Der Wunsch des anderen wird verstanden und respektiert, zugleich wird um Verständnis für die eigene Situation gebeten.)
- *»... und dann erledigen Sie den zweiten Teil!« – »Oh, halt, halt, da muss ich Einspruch erheben. Ich weiß, dass Sie das gern vom Tisch haben wollen, und ich hatte mich bereit erklärt, den Fall A zu bearbeiten, obwohl sich auch meine andere Arbeit stapelt. Jetzt kann und will ich nicht auch die anderen Fälle dazunehmen. Ich muss erst einmal diese alten Fälle abarbeiten. Ich hoffe, Sie können das nachvollziehen?«* (Hier wird neben dem Verständnis für den anderen die eigene Priorität dargestellt und klar betont. Da auch Verständnis ansteckt, äußere ich erst einmal Verständnis für den anderen, bevor ich solches von ihm erbitte.)
- *»Dieses Jahr möchte ich wieder mal an der See Urlaub machen.« – »Hhm, ja, das haben wir in der Tat lange nicht gemacht. Du weißt, dass ich die See ziemlich eintönig und langweilig finde. Könntest du dir vorstellen, dass wir den Urlaub aufteilen?«* (Keine deutliche Absage, aber mit der Bitte um einen Kompromiss. Es wird eine Alternative angedeutet.)
- *»... in Ihrer Position erwarte ich von Ihnen, dass Sie ...« – »Ja, ich kenne da Ihre Meinung. Gerade weil ich diese Position – wie Sie sagen – innehabe, will ich größten Wert darauf legen, dass alles korrekt zugeht.«*
- *»Kann ich mich an Sie wenden, wenn ich wieder mal ...« – »Ja, ich kann verstehen, dass das für Sie der kürzeste Weg wäre. Sie wissen sicherlich auch, dass es dafür Fachleute gibt, die so etwas professionell tun. Und ich bin nicht mehr im Geschäft, möchte aber auch denen, die das beruflich tun, nicht ins Geschäft spucken. Ich bitte Sie, das zu verstehen.«* (Die Antwort zeugt von Nähe zum Bittenden, macht aber auch klar, dass der Bitte so nicht entsprochen werden kann.)

Die hier vorgeschlagenen Formulierungen können – in angepasster Form – auch für größere Besprechungen, Versammlungen und z. B. Podiumsdiskussionen eingesetzt werden. Dabei ist der mögliche Widerspruch gedanklich (Gedankenlesen) vorwegzunehmen: *»Ich ahne, dass Sie hier gern meine Zustimmung haben möchten. Und Sie wissen, wie sehr ich bereit bin, sowohl für die Firma wie für die Mitarbeiter das Optimale zu ermöglichen. In der jetzigen Lage ist es mir wichtig, keine Unruhe durch solche Veränderungen zu verursachen. Bitte haben Sie dafür Verständnis. Sowie sich die Lage verbessert, werden wir …«*

Wenn wir öfter zu anderen Nein sagen, sagen wir häufiger Ja zu uns selbst!

Die Erfahrungen versierter Verhandler lehren, dass auch in angespannten Situationen ein gut begründetes Nein nicht zu den befürchteten Konsequenzen, die man meist nur selbst fürchtet, führt.

Jeder Mensch – in einer Demokratie – hat das Recht und sicherlich auch die Pflicht, in bestimmten Situationen deutlich und klar Nein zu sagen. Er sollte aber vorher prüfen, ob ein Nein wirklich seinen Interessen dient, der Einhaltung von Gesetzen entspricht und ob er die Macht und die Kraft hat, die möglicherweise heftigen Reaktionen seines Gegenübers unbeschadet zu überstehen. Und ein klares, entschiedenes Nein sollte stets auch in Respekt vor den Interessen des Gegenübers geschehen. Denn das erleichtert ihm, zu einem Nein Ja zu sagen. Die Gefühle des anderen sind genauso zu berücksichtigen wie die eigenen.

Letztlich ist auch zu überlegen, ob man denn immer auf seiner Meinung und seiner Haltung bestehen sollte. Sich anderen, ggf. noch fremden Vorstellungen vorsichtig und etwas neugierig zu öffnen, kann eine Beziehung auch stabilisieren.

Kapitel 7
Den richtigen Abstand einfordern: keine Chance für Anmacher

Menschen wirken aufeinander und sie wollen das auch. Aber diese Wirkung ist nicht immer nur positiv. Nur zu oft leiden Kinder und später auch Erwachsene daran, dass sie subjektiv wie objektiv unangemessen behandelt werden. Ob wir das Mobbing, Provokation, Bloßstellen, Lächerlichmachen, Blaming, Nichtbeachten oder auch Anmache bzw. Stalking / Nachstellen nennen, hängt auch stark von der Einschätzung des Betroffenen, des vermeintlichen Opfers, ab.

Besonders zwischen Männern und Frauen besteht die Neigung, sich wechselseitig mit einer anfangs leicht erotischen Tönung zu begegnen: Man wird wahrgenommen, heimlich oder un-heimlich beobachtet, angesprochen und durch bestimmte, oft überhaupt nicht angemessene Formulierungen provoziert.

Von Anmache sprechen wir vor allem, wenn im privaten wie im beruflichen Umfeld neben Begaffen auch anzügliche Bemerkungen, Bloßstellungen vor Kollegen oder Freunden oder gar Handgreiflichkeiten gegen den ausdrücklichen Willen des Opfers stattfinden.

Vor allem im sprachlichen Bereich kommt es zu Bemerkungen, die als An- bzw. Übergriffe erlebt werden. Dabei werden meist die Person betreffende Formulierungen verwendet, die die Privat- und Intimsphäre verletzen. In einem komplizierten Wechselspiel zwischen Täter und Opfer kann aus einem anfänglichen Spiel wie z. B. einem Flirt Kampf oder gar Hass werden.

Da jede Situation anders ist und ihre jeweilige Vorgeschichte hat, ist es schwierig, hier Allgemeingültiges zu formulieren. Aber man sollte stets versuchen, die Situation möglichst frühzeitig zu analysieren. Da ist zum einen der Mensch (in unserer Klischeevorstellung eher der

Mann), der anmachen möchte bzw. mit seinem Verhalten meint, einen besonders attraktiven Eindruck auf das Opfer (im Allgemeinen die Frau) zu machen. Es gibt Männer, die dazu neigen, eine sich ergebende Situation im Umgang mit einer Frau zu nutzen, mehr oder weniger plump ihre Wünsche nach Beisammensein und Dominanz zu äußern. Wie wollen sie das erreichen? Indem sie die Frau verunsichern, sich einschmeicheln, sie provozieren oder vor anderen vorführen. Sie möchten testen, wie weit sie gehen können oder wie weit die Frau mitgeht. Sie sind von ihrer eigenen Attraktivität überzeugt und möchten – vor anderen – als Frauenheld dastehen. Aber auch der Zustand des Täters ist zu überlegen: Ist er angetrunken, befindet es sich in einer Situation sexueller Deprivation, hat er besondere Probleme, steht er unter Leistungsdruck oder ist er nur einfach blöd und unverschämt? (Dieselben Fragen könnte man natürlich auch für das Opfer stellen.) Als dritter Aspekt ist zu berücksichtigen, in welchem Verhältnis man zueinander steht: Ist es der Chef, der hier Übergriffe zeigt? Ist es ein Fremder, der eine junge Frau in der U-Bahn anstarrt? Ist es ein Kollege, der schon seit längerer Zeit ein Auge auf die Frau geworfen hat? Oft sind Frauen als Zahnarzthelferinnen oder als Physiotherapeutinnen besonders gefährdet, da es ja bei diesen Berufen zu einer körperlichen Nähe kommt. Ob es glaubhaft ist, wenn ein Mann – auf sein Verhalten angesprochen – sagt: *»Ach, das ist mir gar nicht aufgefallen. Ich wollte nur nett sein!«*, ist fraglich. Und als vierter Aspekt wird eine Rolle spielen, in welchem Rahmen bzw. an welcher Örtlichkeit sich die Anmache abspielt: Ist es eine Disco, oder findet das Geschehen im Bierzelt statt, im Büro, bei einer Betriebsfeier, in der Öffentlichkeit oder unter vier Augen? Bedingt zählt dazu auch der Zeitpunkt: Hat die Anmache bereits eine Vorgeschichte, die noch völlig frei von kränkenden, übergriffigen Gemeinsamkeiten gekennzeichnet war? Hat man gerade gemeinsam eine Arbeit, eine Prüfung oder einen Wettkampf hinter sich gebracht und befindet sich jetzt in einer ausgelassenen Stimmung?

Und da das Geschehen als ein »Wechselspiel« begonnen hat, ist zu fragen, wann das potentielle Opfer Grenzen gezogen hat. Im männlichen Kopf besteht oft die Vorstellung, dass die Frau ja will, was er will: nämlich ein erotisches Abenteuer: Sie hat sich attraktiv gekleidet, stellt ihre Reize heraus und lässt sich in der Anfangsphase gern hofieren. Die körpersprachlichen Signale zwischen Männern und Frauen sind soziokulturell geprägt. Insofern ist auch noch das Verständnis des Geschlechterverhältnisses der beiden zueinander zu berücksichtigen. Nun wird immer wieder behauptet, dass bestimmte Frauen Männer in einer besonderen Weise durch aufreizendes Verhalten zum Anmachen provozieren, sich dann aber des angemachten Mannes rasch wieder entledigen wollen. Bei Vergewaltigungsopfern wissen wir, dass es sich vorwiegend um Frauen handelt, die a) gefährliche(?) Situationen aufsuchen wie z. B. allein im dunklen Park oder in der Unterführung, die b) eine körpersprachliche Unsicherheit ausstrahlen (sich oft umschauen, hektisch laufen etc.) und die c) sich meist nicht von Anfang an adäquat gewehrt haben. Um es aber klar zu sagen: Nicht die Frau hat dann Schuld am Geschehen, es ist in solch einem Fall immer der Mann.

Um aber die mögliche Dramatik der Anmache aufzuzeigen, sei der Hinweis gemacht: Abgewiesene Männer können in ihrer als Kränkung erlebten Niederlage leicht aggressiv werden, und nicht selten können schwere körperliche Angriffe auf ein sich verweigerndes Opfer bis zum Mord führen. So betrachtet ist es – auch für die nachfolgenden Anmerkungen – nicht unwichtig, wie und wann die Frau (wenn wir bei diesem Klischee bleiben wollen) Grenzen setzt und einfordert und wann und wie sie ein Verhalten sprachlich klar und deutlich zurückweist. Es ist auch immer wieder sinnvoll, Öffentlichkeit herzustellen: Zeugen können ganz wichtig werden, und oft hilft es schon, ins Licht zu gehen, um möglicherweise von anderen Menschen gesehen zu werden. Opfer von Übergriffen können leichtfertig, z. B. später bei einem Gerichtsverfahren, zu Anstiftern deklariert werden. Wenn ihre Glaubwürdigkeit erst einmal erschüttert ist, werden sie im Gerichtssaal noch einmal gedemütigt. Insofern kann man gar nicht oft genug darauf hinweisen, wie wichtig es ist, sich erst gar nicht in gefährliche Situationen zu begeben.

Was sind nun typische Anmach-Situationen? Im beruflichen Bereich verlässt man die Sachebene und wird persönlich im Sinne von Bemerkungen, die die Schamgrenzen überschreiten. Wenn ein Mann die Kleidung seiner Kollegin kommentiert: 1. *»Sag mal, trägst du eigentlich einen Tanga?«* Oder 2. *»Sie sehen in dieser Bluse aber scharf aus!«* Vielleicht sagt auch eine Frau zu ihrem Kollegen: 3. *»He, dein After-Shave haut mich glatt um.«* Ganz unverhältnismäßig ist es, wenn ein Mann bei einem Einstellungsgespräch eine junge Frau fragt: 4. *»Finden Sie es wichtig, bei der Arbeit einen BH zu tragen?«* Oder: 5. *»Wie ist denn Ihr Verhältnis zu Frauen? Oder bevorzugen Sie Männer?«*
Oft wird über die Kleidung und die äußere Erscheinung oder über Auffälligkeiten das Provozierende und Verletzende formuliert. Schlimm sind dann plumpe Vertraulichkeiten: 6. *»Marga, wenn ich dich so ständig vor mir sehe, diese tolle Figur! Ich werde fast verrückt!«* Oder: 7. *»Frau Schuster, wie Sie die Treppe raufgehen ... das ist einfach zum Lustkriegen!«*
In diesen Fällen der Entgleisung ist es bedeutsam, sofort und gekonnt die Bremse zu ziehen. Manche meinen, man solle mit gleicher Münze heimzahlen oder besonders schlagfertig zurückgeben. Wir meinen, dass die klärende und höfliche, aber sehr bestimmte Entgegnung hier richtiger ist. So könnte die Frau bzw. der Mann auf die oben genannten Provokationen etwa so antworten:

1. *»Ich denke nicht, dass das für unser Arbeitsverhältnis eine Rolle spielt.«*
2. *»Es freut mich, wenn Sie mich attraktiv finden, aber ich bitte Sie, keine Anzüglichkeiten zu äußern!«*
3. *»Schön, dass es dir gefällt.«*
4. *»Ich denke, dass ich weiß, wie man sich angemessen kleidet.«*
5. *»Bisher bin ich stets gut mit Männern wie mit Frauen zurechtgekommen. Und so soll es auch bleiben.«*
6. *»Bitte halt dich zurück. Sonst versteh ich das als Belästigung. Ich mag nicht, wenn du so etwas sagst!«*
7. *»Herr Meyer, ich finde, das sagt mehr über Sie als über mich aus. Unterlassen Sie bitte solche Bemerkungen. Ich finde die überhaupt nicht toll!«*

Zuweilen macht es Sinn, sich solche Bemerkungen (Rede und Gegenrede) mit Datum und ggf. Zeugen zu notieren. Dies besonders, wenn solche Formulierungen häufiger gemacht werden. Und hier ist eine für Frauen vielleicht bei dieser Thematik nicht einfache Strategie wichtig: Solidarität mit Kolleginnen oder anderen Vertrauten. Wer anzügliche Bemerkungen unkommentiert hinnimmt oder verharmlost, signalisiert damit Zustimmung. Eine probate Formulierung scheint immer möglich zu sein: Den Betroffenen – wenn er bekannt ist – mit Namen ansprechen und sich solche Bemerkungen verbitten.

Diese ersten Anmachen gehen oft – wie unbeabsichtigt – in den Versuch über, die andere Person – völlig unverfänglich!? – anzufassen: Die Hand auf die Schulter oder den Arm legen oder auch einen Körperkontakt mit den Beinen zu versuchen. Auch der zu lange Blickkontakt kann den weiteren Weg öffnen. Auch hier gilt es, den Anfängen zu wehren. Der körperliche Kontakt, z. B. beim Tanzen, ist oft das Vorspiel zu folgenden Handlungen. Und jeder sollte wissen, wann er von wem wie viel Nähe bzw. Abstand wünscht. Da gilt es entweder durch die Körpersprache wie z. B. Arm entziehen oder auf Abstand drängen oder durch das gesprochene Wort auszudrücken, dass man das nicht möchte: taktvoll, aber unmissverständlich. Denn: Männer entschlüsseln ein unklares Nein oft als Signal, um ihre Werbungsanstrengungen zu erhöhen.

Wir glauben übrigens auch, dass man sich als nicht direkt Betroffene / Betroffener einschalten sollte, wenn man bemerkt, dass Übergriffe geschehen und das Opfer sich nicht richtig wehren kann. Oft sind ja gerade die Schüchternen und Lieben besonders gefährdete Zielscheiben männlichen Macho-Verhaltens. Es ist sinnvoll, die nicht so Durchsetzungsfähigen zu unterstützen und ihnen Mut zu machen, sich zur Wehr zu setzen. Damit entsteht auch ein Klima der Solidarität, und das ist eine wirkungsvolle Waffe gegen flegelhaftes Verhalten.

Ein weiterer Aspekt verdient Beachtung: Geschickte Manipulateure füttern ihre späteren Opfer langfristig an: Immer wieder lassen sie ihnen kleine Geschenke, Vergünstigungen oder Vorteile zukommen in der Absicht, zu einem passenden Zeitpunkt den Gegenwert zu fordern. Deshalb auch hier Vorsicht bei der Annahme von Annehmlichkeiten. Sie müssen meist teuer bezahlt werden. Sagen Sie z. B.: »*Herr Rapp, ich freue mich, wenn Ihnen unsere Zusammenarbeit gefällt, und mir geht es ja auch so. Ich möchte aber nicht – auch im Vergleich zu den Kolleginnen – eine Extrawurst gebraten bekommen. Bitte haben Sie Verständnis, wenn ich Ihr Angebot nicht annehme.*« Ziehen Sie sich ggf. darauf zurück, dass Sie Prinzipien haben, von denen Sie auch jetzt nicht abweichen wollen. Oder machen Sie die Angebote, die Ihnen Ihr Chef offeriert, zum Gegenstand einer abteilungsinternen Besprechung. Es ist eine teuflische Falle, wenn man zwar gern eine Gefälligkeit annehmen würde, aber genau weiß oder spürt, dass man irgendwann dafür eine Gegenleistung erbringen muss. Es ist ein Dilemma: Was ist einfach nur freundliches Wohlwollen und was der Anfang einer gewollten Abhängigkeit? Wir empfehlen hier – gerade für junge Kolleginnen / Kollegen in einer Firma –, lieber zurückhaltender zu sein, als zu rasch einer »Verführung« aufzusitzen. Oder lassen Sie sich bestimmte Zusagen in Form einer vom Chef gegengezeichneten Aktennotiz bestätigen. Denn auch das ist eine Form der Öffentlichkeit.

Und noch ein Wort sei einem Phänomen besonderer Art gewidmet: Sollten Sie den Fehler machen, Ihren Chef anzumachen, um ihn zu vorgerückter Stunde zu einer Schwachheit zu verführen: Seien Sie sicher, dass Ihr Vorgesetzter aus diesem Pseudo-Abhängigkeitsgefühl herauskommt, indem er Sie versetzt oder aber anderweitig kaltstellt. Bleiben Sie korrekt und lassen Sie Ihren Chef gut aussehen. Bauen Sie ihm Brücken, wenn er sich in einem schwachen Moment hat gehenlassen. Loyalität wird belohnt, nicht aber die Ausnutzung von Fehlern. »*Herr Dukau, es war gestern sehr nett in der Runde der Abteilungsleiter, und Ihre Ausgelassenheit hat mir gut gefallen. Sie haben sich da als sehr gefühlvoller und humorvoller Mensch gezeigt. Das finde ich sehr schön.*« Und stellen Sie ihn auf keinen Fall vor Kolleginnen oder Kollegen bloß, indem Sie etwas über seine Neigungen erzählen – vorausgesetzt, es ist nicht zu unliebsamen Handgreiflichkeiten gekommen.

Zeigen Sie sich klar in Ihren Vorstellungen; finden Sie den Mut, rechtzeitig sprachlich zu intervenieren, wenn es zu unwürdigen Übergriffen kommt, und arbeiten Sie mit Kolleginnen / Kollegen an einer Atmosphäre der Offenheit und Korrektheit. Sprechen Sie aus, was Sie belastet, und suchen Sie dazu die Solidarität Gleichgesinnter. Letztlich: Haben Sie keine Hemmungen, den Betriebs- oder Personalrat hinzuzuziehen bzw. in schwereren Fällen auch einen qualifizierten Anwalt zu konsultieren. Dazu ist es oft sehr hilfreich, wenn man die Anmach-Situationen zeitlich und quantitativ belegen kann.

Vielleicht wurde deutlich: Anmache ist meist ein Prozess, der bereits viel früher begonnen hat. Je eher man solche Tendenzen erkennt und abwehrt, umso größer ist die Wahrscheinlichkeit, unerwünschte Aufdringlichkeiten abzuwehren. Und ein letzter Rat: Versuchen Sie, eine Firma oder Abteilung zu verlassen, in der Sie keine Chance für eine Einstellungs- und Verhaltensveränderung sehen.

Kapitel 8
Leicht parlieren – von Small-Talk-Meistern lernen

Es gibt diese bewundernswerten *Small Talker*, die zu jeder Zeit, an jedem Ort und mit jedem Menschen sofort in ein kleines Gespräch kommen. Man steht anlässlich eines kleinen Empfangs mit vielen anderen Besuchern mit einem Glas Sekt in der Hand und wartet z. B. auf die Ansprache des Gastgebers – das kann auch der eigene Chef sein – oder auf die Ausstellungseröffnung oder auf die feierliche Inbetriebnahme einer technischen Anlage. Auch bei einer Jubiläumsfeier, einer Vernissage oder einer Geschäftseröffnung kommen Gäste für eine kurze Zeit zusammen, um den – oft halböffentlichen – Anlass gemeinsam zu begehen. Hier trifft man sich, kann ein paar Worte mit jedem sprechen, der in der Nähe ist oder mit dem man gern einmal Kontakt aufnehmen möchte. Hier gelten – wie überall – ungeschriebene Gesetze der Höflichkeit, des anlassbezogenen Takts und der geistreichen Kreativität.

Nirgendwo sonst kann man so leicht persönliche Kontakte herstellen wie hier. Denn: Alle Anwesenden sind potentielle Ansprechpartner für alle anderen. Eine junge Mitarbeiterin kann den Aufsichtsratsvorsitzenden treffen, die Seniorchefin einer Firma könnte einen prominenten Schauspieler ansprechen, ein Ortsbürgermeister könnte hier mit einem Minister ein kurzes Gespräch führen. Die große Kunst des Small Talks besteht darin, sich weder aufzudrängen, sich also nicht wichtigtuerisch in Szene zu setzen, noch in stiller Anmut darauf zu warten, dass man endlich angesprochen wird. Es geht darum, sich auf eine spontane und natürliche Art einer anderen Person zu nähern.

Aber: Wie macht man das? Kann man das lernen? Wie soll man da vorgehen? Kurz gesagt: Am besten leicht und spielerisch. Am leichtesten wäre es, wenn man einen »Mentor« hat, der einen mit der Person seines Interesses bekannt machen kann und möchte. *»Herr Minister XY, darf ich Ihnen unseren jungen Abteilungsleiter vorstellen, der in unserem Haus für die Werbung zuständig ist?«* Üblicherweise stellt man aber selbst den Kontakt her. Dazu sind möglicherweise folgende Fragen – und ihre Beantwortung – im Vorfeld hilfreich: Die Menschen, die ich dort treffe, sind alle mehr oder weniger gern gekommen, um an dem Event teilzuhaben. Sie möchten sehen und gesehen werden. Aber sie möchten eben auch, wie ich selbst, zur Kenntnis genommen werden und einen guten Eindruck hinterlassen. Sie möchten nicht belehrt, ausgefragt oder blamiert werden. Einige der Menschen dort sind sehr versierte und interessierte und interessante Gesprächspartner, andere tun sich schwer und wirken eher schüchtern und gehemmt. Man kann davon ausgehen, dass alle Anwesenden auch in irgendeiner Form zum Anlass dieses Zusammentreffens bzw. zu dem einladenden Gastgeber eine besondere Beziehung haben. Und auf meiner Seite gibt es auch ein paar Kriterien für ein gutes Gespräch: Ich bin grundsätzlich an anderen Menschen und ihrem Tun interessiert; ich kann Gedanken formulieren und muss mich, meinen Beruf oder meine Tätigkeit etc. nicht verstecken. Ich habe mich vielleicht sogar hinsichtlich dieser Einladung über das Thema belesen oder habe im Vorfeld über das Geschehen bzw. den Gastgeber interessante Informationen gewonnen, die auch für andere Menschen interessant sein könnten – ohne in die Sparte des Klatsches abzudriften. Und: Ich weiß, dass es sich hier um ein Gesellschaftsspiel handelt, in dem man eher Unverbindliches und Leichtes spricht, als dass man Verträge abschließt oder Grundsätzliches erörtert.

Obgleich man sich üblicherweise am Beginn eines Gesprächs mit Namen vorstellt, tut man das bei einem Small Talk nicht. Günstig kann es sein, mit einer Frage einzusteigen: *»Kennen Sie den Künstler aus persönlichen Begegnungen? Haben Sie zu seiner Kunst eine besondere Beziehung?«* Oder: *»Es ist ja unglaublich, in welch kurzer Zeit dieses Projekt fertig geworden ist. Haben Sie in irgendeiner Form direkt daran mitgewirkt?«* Oder: *»Ich glaube, ich habe*

Sie kürzlich in der Zeitung abgebildet gesehen. Kann es sein, dass Sie diejenige sind, die sich besonders für ältere Musiker einsetzt?«

Wenn man als junger, vielleicht neuer Mitarbeiter erstmals bei seinem Vorgesetzten z. B. zu einer Gartenparty eingeladen ist und man möchte mit dem Gastgeber ein wenig ins Gespräch kommen, könnte man es so anfangen: *»Herzlichen Dank für die freundliche Einladung. Es gefällt mir hier sehr. Und dass Sie an mich bei der Einladung gedacht haben, ehrt mich. Jetzt kenne ich die Firma schon ein wenig und bin beeindruckt, wie hier alles ineinandergreift.«* Also weder zu lange sprechen, noch Lob oder Anerkennung aussprechen – das wirkt überheblich –, wohl aber seine persönliche Meinung sagen. Dabei vielleicht auch auf die Entgegnung des Chefs mit einer weiteren Frage fortfahren; z. B.: *»Mich würde sehr interessieren, wie der Aufbau der Firma damals in der 60er-Jahren stattgefunden hat?«* Echtes Interesse unter Beachtung des knappen Zeitrahmens wäre wichtig.

Um nicht ins Ausfragen abzugleiten, sollte man auch von sich selbst etwas erzählen. So könnte man beispielsweise sagen: *»Die technischen Zusammenhänge bei diesen Verfahren waren für mich der eigentliche Anlass, hier zu sein. Als Ingenieur sehe ich meistens nur unseren Bereich.«* Oder: *»Für mich ist immer interessant, wie unterschiedlich die Menschen und ihre Gründe sind, bei solch einer Veranstaltung dabei zu sein!«* Oder: *»Für mich ist das hier vorgestellte Projekt ziemlich weit weg von meinem beruflichen Alltag.«*

Hier wären Aussagen hilfreich, die das Interesse des Gegenübers berühren und zu Nachfragen auffordern. In freundlich zugewandter, nicht in besserwisserisch- belehrender Form Aussagen zu treffen, die stimmig sind; knapp ohne platt zu sein und mehr Wissen anzudeuten als auszubreiten sind gute Aufhänger, um ein kurzes Gespräch am Laufen zu halten. Das Gegenüber zum Experten machen. Mit einem Gespür für das in diesem Setting Richtige und einer gewissen Zurückhaltung oder persönlichen Bescheidenheit ist es sehr wahrscheinlich, nach dem Einstieg das Gespräch eine kurze Zeit weiter zu führen. Dann empfiehlt es sich, seinen Namen zu sagen, sich für das gute Gespräch zu bedanken und um den Namen des Gesprächspartners zu bitten. Zuweilen werden an dieser Stelle Geschäftskarten oder Visitenkarten ausgetauscht.

Schlecht wäre es, bei solch einem Zusammensein zu warten, bis man angesprochen wird. Das ist die Methode der Schüchternen oder der Arroganten. Ungünstig wäre es, mit der Visitenkarte in der Hand um ein Gespräch zu bitten, und ganz problematisch wäre es wohl, in einen Kreis von miteinander Redenden taktlos mit irgendwelchen Schlauheiten hineinzuplatzen. Unschön ist auch, heimlich und tratschig über andere Anwesenden zu sprechen. *»Das da hinten ist diese Type, die immer drauf aus ist, sich in Szene zu setzen.«*

Es wäre auch problematisch, im Small Talk die Gelegenheit, mit einem Vorgesetzten zu sprechen, auszunutzen, um von ihm Zusagen zu verlangen oder ihn zu Entscheidungen zu nötigen. Sinnvoll kann es sein, ihn auf etwas aufmerksam zu machen und ihn dabei um einen gelegentlichen Termin zu bitten: *»Herr Körps, ich habe festgestellt, dass es gerade den Neueingestellten schwerfällt, sich kurzfristig umfassend zu orientieren. Wäre es eine gute Idee, ihnen die Firma in Form eines Fragen-Interviews darzustellen? Ich habe mir dazu mal einige Gedanken gemacht, die ich Ihnen gern bei Gelegenheit einmal vorstellen würde.«*

Es kann auch sinnvoll sein, über den Ehepartner in ein eher persönliches Gespräch zu finden. Zum Beispiel: *»Frau Koch, ich bin sehr beeindruckt von dem, was Sie als Familie, wahrscheinlich bereits seit ganz vielen Jahren, aufgebaut haben. Da hängen ja für die Stadt ganz viele wertvolle Arbeitsplätze dran.«* Oder: *»Frau Führ, als ganz neuer Mitarbeiter in der Firma Ihres Mannes bin ich sehr froh, an dem Unternehmen mitwirken zu können. Es macht mir Freude, hier mein Wissen und Können einzubringen und zugleich noch jede Menge zu lernen.«*

Solch kurze Gespräche im Vorübergehen können für geistreiche Menschen kleine Kunstwerke sein. Mit etwas Humor, einer Prise augenzwinkernder Leichtigkeit über die Absurdität des Normalen und einer Ernsthaftigkeit des Absurden können sogar kleine philosophische Aperçus entstehen. Small Talk ist eine Form des modernen sozialen Lausens, was der Mensch auch braucht.

Ja, es gibt Menschen, die dieses oberflächliche Geschwätz schlichtweg ablehnen, die sich zu schade für solch eine Zeitverschwendung sind, die das leichte Spiel der Worte weder beherrschen noch für gut finden. Nun denn, sie lieben ihren Wagner in allen Worten und meiden die Operetten-Freude des gelegentlichen, leichteren zwischenmenschlichen Zusammenseins.

Kapitel 9
Schweigen oder der Sinn von Pausen im Gespräch

Vor Jahren amüsierte sich die psychotherapeutische Fachwelt über den Scherz eines Insiders, der in einer Annonce für seinen Kurs in »Nonverbaler Gesprächsführung« warb. (Er soll viele interessierte Nachfragen erhalten haben.) Wenn man genauer über diesen Ansatz nachsinnt, könnte man aber auch etwas Positives im »stummen Gespräch« finden: Das Schweigen hat seine große Bedeutung im Umgang der Menschen miteinander. Schweigen ist für das soziale Leben unvermeidlich. Schweigen besteht ja nicht nur darin, dass ein Mensch aufhört zu sprechen oder »Wortgeräusche« von sich zu geben. Schweigen ist auch nicht immer wortlos. Denn im Schweigen denken wir zuweilen und Denken ist entlautetes Sprechen bzw. Probehandeln. Aber man schweigt auch als Notlüge oder barmherzige Lüge, wo durchaus etwas gesagt werden könnte. Anstand, Rücksichtnahme und Taktgefühl lassen oft nur Schweigen zu. Auch wo der Psychotherapeut, Pfarrer, Anwalt etc. etwas aus dem persönlichen Raum eines Menschen erfährt, ist er in vielen Fällen zum Schweigen »verurteilt« (Zeugnisverweigerungsrecht).

In der Unterhaltung von Menschen sieht es anders aus: Gesprächspausen sind vor allem der Einstieg in das Verstehen des anderen. Denn im Schweigen versuchen wir über das Zuhören einen anderen Menschen nicht nur im Gesagten zu begreifen, sondern auch als andere Person wahrzunehmen. Wie in der Musik atmet die Sprache in der Pause durch das Stillesein Substanz: Das Gesprochene kann nachklingen, wirken und »in Ordnung gebracht« werden. Sortieren, gewichten, erklären, verstehen und wirken lassen sind Urprozesse kommunikativer Schöpfung. Wo die Pausen knapp sind, ist das Leben nicht gut.

Zugleich kann Schweigen eine »heilige Nutzlosigkeit« sein. Denn im Lauschen und Mitschwingen, im nicht bewertenden Wahrnehmen von etwas Äußerem entsteht – ungewollt – eine neue Innerlichkeit. Verstehens- und Nachdenk-Pausen verhindern eine kritiklose Anpassung an das Gegebene sowie ein Nachmachen. Im Schweigen die Stimmen und die Weisheit auch derer ins Gehör zu bringen, die stiller sind als wir.

Wo sich Menschen verbal aneinander reiben und stimulieren, entsteht leicht Geschwätz: Man geht nicht auf das ein, was der andere sagt, sondern nutzt seine »Geschichte« nur als Stichworte für die eigene Geschichte: So muss man sich – idealerweise – das Palaver der Urmenschen um das Feuer vorstellen. Aber auch dieses »Palaver« hatte rituelle Bedeutung. Heute sieht und hört man zuweilen alte, inzwischen schwerhörige Alte auf einer Bank so zueinander sprechen: Kaum muss der eine Luft holen, schon springt der andere ins Wort. Ja, man hört noch etwas, aber man hört einander nicht mehr zu. Manch eine Konferenz, Talkshow oder »Treppenunterhaltung« hört sich sehr ähnlich an. Die »Quasselstrippen« gleichen mit ihrem Redeschwall einem ständig aufgewühlten Wasser, in dem der Schmutz und die Schwebstoffe sich nicht setzen können. Damit wird keine »Klarheit« erreicht.

Im positiven Sinn ist Schweigen im Gesprächsverlauf die nachdenkliche Stille, in der sich Großes formen kann: Verstehen und Reifen. Im Schweigen steckt sowohl das Werden als auch das Genießen des Schönen, des Heilens und der Teilhabe. Mitfreuen, mitempfinden, mitfühlen geschieht im Wesentlichen als inneres Geschehen. Jedes Mitschwingen (Empathie) benötigt eine stille Zeit. Und in der Stille können wir geistige Ordnung herstellen und halten. Stille »Pausen sind Zwischenzeiten, die Gelegenheit bieten, zu sich zu kommen, und doch nicht zwingen, bei sich bleiben zu müssen« (Geißler 2012, S. 90). In der stummen Zustimmung, im bejahenden Lächeln, mit der bestätigenden Hand auf der Schulter sind wir anderen Menschen meist viel, viel näher als mit dem »gelernten Wort« der Bestätigung. Verstehende Worte, die aus dem Schweigen aufsteigen, sind Geschenke für beide Partner.

Und haben nicht alle Weisen ihre Lehrzeit in der Wüste, in der Öde, im Schweigen zugebracht? Wie ein abgebranntes Feld (Burnout?) ruhte ihre Lebendigkeit und wartete in aller Bescheidenheit auf den Wind der Weisheit, der ihre totgeglaubten Seelen, ihre gequälten Geister und ihre Zweifel mit dem Samen der Erkenntnis bedecken würde und damit dieser Same aus dem Aschefeld einen neuen Paradiesgarten zaubern könnte. Geduld.

Sie kamen zurück zu den Menschen, um nicht von sich, sondern vom Leben zu sprechen und zu predigen. Aus ihrer Leere brachten sie die Fülle des Erkennens. (Im 5. Jahrhundert v. Chr. entstand das Weisheitswerk: Daodejing. Der Alte Meister Laozi rät dem Zöllner zur Praxis des Schweigens: »Beende das Gerede / schließe die Türen / dämpfe den Eifer / löse die Verwirrung / mindere den Glanz / finde den Grund.« [Nach: Tügel 2013, S.32])

Aber im Schweigen ist auch das Dunkle, Schreckliche, das Dämonische, das Drohende. Nur wenn der Geist die Gedanken beseelt, wird das Schweigen ent-schreckt, ent-dämonisiert. Der Geist eines Menschen zähmt das Schweigen, diszipliniert die gärende Stille. Wenn Schweigen Nicht-Antworten ist, wenn es zum Verschweigen degeneriert, wenn es zur Verweigerung wird, werden Beziehungen beschädigt. Wo wir wort- und tatenlos zusehen, wie Schlimmes geschieht, handeln wir verantwortungslos, dort sind wir ohne Antwort auf die Herausforderung. Da ist Reden und Handeln Gold und Schweigen höchstens Silber.

Das »ungute Schweigen« lastet zuweilen auch als Nicht-Reden schwer auf einer Beziehung. Mundtot machendes Schweigen verdirbt auf Dauer jede Beziehung. Zum Schweigen gezwungen? Die äußeren Repressalien der Macht vermögen nur in den seltensten Fällen die Innen-Stimmen der Sehnsucht nach den Rechten der Menschen zum Verstummen zwingen. Den Atem des Friedens hören wir besonders gut in der gemeinschaftlichen Stille.

Wir alle werden erfahren haben, dass das richtige Wort zur richtigen Zeit die Welt verändern kann. (»Hättest du doch geredet, Desdemona« … Christine Brückner.) Und wer den optimalen Zeitpunkt verpasst, hat oft eine wichtige Chance, Lebensbedingungen zu beeinflussen, verpasst.

Wir wissen aber auch, wie wichtig es ist, ein Geheimnis in der Schatzkiste des Schweigens zu verwahren, wenn es auch schwerfällt und oft belastend ist. Nicht eingestandene Schuld, nicht mitgeteilte innere Not, nicht ausgeführte Absicht, nicht erfüllte Wünsche und das Verschwiegene etc. rauben uns Kraft und zerstören Hoffnung, beeinträchtigen Lebensglück und belasten Beziehungen.

Wenden wir uns noch einmal dem Schweigen im Gespräch mit anderen Menschen zu. Im Nicht-sofort-Antworten besteht die Chance, die Antwort zu überlegen und die möglichen Folgen einer Entgegnung zu »erahnen«. Wer spricht, kann nicht zuhören. Wer nicht zuhört oder nicht zuhören will, ist ein schlechter Gesprächspartner.

Wann ist Schweigen, wann sind Pausen im Gespräch mit anderen Menschen sinnvoll?

Zum Beispiel kann man erst einmal schweigen, wenn man angegriffen, verdächtigt oder beschimpft wird. Nachdenken – und im Sinne der Selbstkommunikation (siehe S. 139) in sich hineinspüren, was der »Angriff« in/mit mir macht? Und kurz darüber nachdenken, was der »Angreifer« wohl erreichen möchte oder in welcher Verfassung er wahrscheinlich ist? Und dann nicht mit einer »Gegenoffensive« angreifen, sondern ganz ruhig eine Frage stellen; z. B.: *»Das war jetzt ziemlich heftig. Was versprechen Sie sich davon?«* Es ist auch vernünftig und oft hilfreich, nach einer Frage und vor einer Antwort erst einmal nachzudenken (z. B. bei einer Prüfung). Bei einem Streit hat sich bewährt, dort, wo es hitzig zu werden droht, eine Auszeit zu nehmen (wie z. B. beim Volleyball). Eine Vertagung, manchmal nur um eine kleine Pause oder um wenige Stunden, bewirkt oft Wunder. So setzen gute Verhandler und Moderatoren immer wieder die »kleine Pause« oder das »In-sich-Gehen« als Methode ein, um Luft und neue Einsichten zu ermöglichen. Pausenlose Meetings gleiten leicht ins Palavern und in ungute Machtdemonstrationen ab.

In der Nische des stillen Innehaltens finden wir zueinander. Es gibt kaum intensivere Gespräche als das wortlose Verstehen von zwei Freunden, die gemeinsam auf ein Ziel hin unterwegs sind. Wortlos ist nicht gedanken- oder gefühllos.

In einem Interview oder bei einer Talkshow sind Pausen beim Showmaster überhaupt nicht beliebt – und nur zu rasch kann man sich durch dessen hohe Sprechfrequenz anstecken lassen, auch ständig und unter Zeitdruck zu sprechen. Das birgt viele Gefahren in sich. Schweigen Sie ab und zu und verlangsamen Sie das Gespräch – die Zuhörer werden es Ihnen danken.

Gute Beziehungen leben auch von dem »Dazwischen«. »*Was ist in der Zwischenzeit geschehen? Ich habe länger nichts von dir gehört.*« Das etwas flapsige Wort »Willst du gelten, mach dich selten« hat eine gewisse Bedeutung. Die Pausenlosigkeit eines Zusammenseins hat schon manch eine Beziehung so belastet, dass einer der beiden gern ausbricht.

Miteinander unterwegs zu sein und in kontemplativer Beschaulichkeit das Umfeld oder die Natur wahrzunehmen, ist ein Prozess der Kultivierung des Genusses. »Bildung, Liebe, Freundschaft, Genuss, Kunst und Kultur entfalten sich nicht, wie das für alle menschlichen Potentiale und Kompetenzen gilt, auf den superschnellen Highways des Kapitaltransfers.« (Geißler, S. 111)

Man kann seine »Gegner« auch damit verunsichern, indem man nichts sagt (vgl. Unterschwellige Beeinflussung, S. 27). Ein mildes Lächeln kann eine Provokation darstellen und den, der lächelt, in die bessere Position bringen. Schweigen wird – zumal in hitzigen Diskussionen – höher bewertet als sofortiges »Dagegenhalten«. Die weibliche Stimme neigt dazu, bei Erregung schriller zu werden. Das wird als unangenehm erlebt.

Es ist manchmal gut, fassungslos zu schweigen, zu staunen und sich hinzugeben. Bevor man eine Stimmung mit einer blöden Bemerkung (wie das sogenannte Witzbolde wohl gern tun) zerstört, sollte man den Mund halten. Und sind es nicht die intensivsten Augenblicke, in

denen man sich stumm in die Augen schaut und ein Lächeln wagt? Wenn Augen leuchten, kann das Ohr gut ausruhen.

In der Psychotherapie gibt es oft – z. B. am Ende von Sitzungen – die Frage des Patienten: *»Und was soll ich tun?«* Und die Antwort kann lauten: *»Geh in die Stille – du wirst dort eine Antwort finden.«*

Zuweilen ist Fasten für den Körper gut. Stille zwischen Menschen ist zuweilen für die Seele eine Wohltat.

Zwei Dinge belasten unsere Beziehungen besonders: das Schweigen, wenn man sprechen sollte, und das Sprechen, wenn man lieber schweigen sollte.

Kapitel 10
Kommunikation im Netz

Das Aufkommen und die Verbreitung des Internets haben die Möglichkeiten unseres Kommunikationsverhaltens drastisch erweitert. Wobei die jüngere Generation stärker von diesen Änderungen betroffen ist als die ältere.

Kaum vorstellbar, dass Menschen einmal ausschließlich von Angesicht zu Angesicht kommunizierten, per Rauchzeichen oder per Bote und Reiter Nachrichten verschicken konnten. Lange Zeit war das Senden von Briefen oder die Möglichkeit, telefonieren zu können, Zeichen einer modernen Gesellschaft. Dies hat sich durch die Einführung des Internets gänzlich geändert. Nun können Briefe auf elektronischem Weg, als E-Mails, verschickt werden. Vorteil dieses Kommunikationsmediums ist die zeitliche und räumliche Unabhängigkeit. Nachrichten können in Windeseile um die ganze Welt an ein oder mehrere Empfänger gleichzeitig verschickt werden.

Der Austausch von Nachrichten via E-Mail oder SMS stellt einen asynchronen Informationsaustausch dar, d.h., dass Sender und Empfänger nicht zeitgleich kommunizieren müssen. Dadurch entsteht eine zeitverzögerte Kommunikation, die orts- und zeitunabhängig ist. Aber auch synchrone Kommunikation ist über das Internet möglich. Sogenannte Chats werden zum Austausch textueller Informationen, Videotelefonie zum Austausch von Bild und Ton genutzt. Neben E-Mails und Chats spielen bei der Kommunikation im Netz auch sogenannte Online Communities wie z.B. Facebook eine Rolle. Darüber hinaus werden Nachrichten über sogenannte Blogs verschickt, oder man »twittert«. Während E-Mails im Geschäftsleben nicht mehr wegzudenken sind, ist diese Kommunikationsform für junge Menschen out.

Beachtenswert ist, dass Kommunikation im Netz vor allem geschriebene Sprache nutzt. Sie ist also vor allem textbasiert. Demnach wird wieder mehr geschrieben. Aber im Unterschied zu einem klassischen Brief sind die Texte und Inhalte im Netz kürzer und erreichen den Empfänger in Windeseile. Nur in der Videotelefonie haben wir es wie beim klassischen Telefon auch mit gesprochener Sprache zu tun, die dann noch um das Medium Bild erweitert ist.

Was sind die Motive der Menschen, sich der Online-Kommunikation zu bedienen und sich in dieser neuen, medialen Lebenswelt zu bewegen? Neben dem Drang nach Selbstdarstellung nach dem Motto »Sehen und gesehen werden« geht es darum, sich mit anderen zu vernetzen und Kontakt zu halten, auch oder gerade dann, wenn man räumlich getrennt ist. Des Weiteren nutzt man diese Kommunikationsformen für die private und / oder geschäftliche, themenbezogene Informationsbeschaffung.

Wie bereits eingangs erwähnt, unterscheidet sich die Nutzung der Kommunikationsformen im Netz je nach Altersgruppe. Während es für junge Menschen alltäglich ist, sich in den neuen, medialen Lebenswelten zu bewegen, stellt es für ältere Menschen, die nicht mit diesen neuen Technologien der Kommunikation groß geworden sind, eine andere Welt dar. Ältere Menschen nutzen das Internet eher zur Informationsbeschaffung, während die jüngeren viel Zeit mit Spielen und der Pflege sozialer Kontakte im Netz verbringen. Das führt zu einer geänderten Identitätsbildung und einem geänderten Kommunikationsverhalten. Folgende Besonderheiten der Kommunikation im Netz sind zu nennen:

- **Enträumlichung und Entzeitlichung**
  Online-Kommunikation ist weder räumlich noch zeitlich gebunden. Die Kommunikationsteilnehmer können sich an unterschiedlichen Orten aufhalten. Man spricht auch vom sogenannten Cyberspace, d. h. die Kommunikation findet in einem von Computern und deren Anwendungen generierten virtuellen Raum statt. Dieser ist grenzenlos, permanent veränderbar und nicht örtlich fixiert. Der Internetnutzer kann so gleichzeitig im realen und in ein oder mehreren

virtuellen Räumen unterwegs sein. Darüber hinaus ist die computervermittelte Kommunikation nicht mehr zeitgebunden, da die gesendete Nachricht gespeichert wird und dem Empfänger auch noch zeitverzögert zur Verfügung steht.

- **Entkörperlichung**
  Während in der Face-to-face-Kommunikation der eigentliche Inhalt der Botschaft im Verhältnis zu den nicht sprachlichen Inhalten (Körperhaltung, Mimik, Gestik, Kleidung) in den Hintergrund tritt, spielt bei der Kommunikation im Netz der Inhalt eine zentralere Rolle, da auf nonverbale Signale verzichtet werden muss. Die Kommunikation unterliegt damit einer größeren persönlichen Distanz und kann bis hin zur völligen Anonymität des Gegenübers führen.
- **Textualität**
  Kommunikation im Netz ist vor allem textbasiert, d. h. dass der Sender seine Nachricht niederschreibt. Da bei der textbasierten Kommunikation keine direkten Körperzeichen übermittelt werden können, hilft man sich mit Zeichen-Codes aus, z. B. Smiley, um Körperzustände (Gestik, Mimik etc.) zum Ausdruck zu bringen. Auch werden sogenannte »emotional icons« wie Smileys verwendet, um Aussagen über den Gefühlszustand zu machen. Des Weiteren sind Akronyme beliebt, um den Inhalt einer Nachricht zu verkürzen. Beispiele hierfür sind *4Y* für *for you* oder *FYI* für *for your interest.*
- **Entkontextualisierung**
  Da Kommunikation im Netz orts- und zeitunabhängig stattfindet, teilen die Kommunikationspartner keine gemeinsame Umwelt miteinander, d. h., die Kommunikation ist aus dem aktuellen Kontext des Umfeldes des Senders und des Empfängers herausgerissen. Dies erschwert die Kommunikation besonders dann, wenn für ein besseres Verständnis einer Situation neben den sprachlichen Inhalten eben auch kontextuelle Inhalte (z. B. dass alle um einen herum in Aufruhr sind) vermittelt werden müssten.

Das zeigt, dass es sich bei der Online-Kommunikation um eine starke Reduktion der Kommunikation auf eine reine physikalische Ebene handelt. Es besteht die Gefahr, dass sie bei extensiver Nutzung zu einem defizitären und zerstörerischen Ersatz für die Face-to-face-Kommunikation verkommt. Auf der anderen Seite darf nicht übersehen werden, dass bei der Wahl der Medien soziale Einflussfaktoren von großer Bedeutung sind. Sie wird – vor allem von den Jüngeren – nicht rational, sondern unbewusst getroffen. Der Nutzer kann sich nur schwer den Gepflogenheiten seines sozialen Umfelds entziehen, ohne ausgegrenzt zu werden.

Führt man die Aspekte der Online-Kommunikation, nämlich Entkörperlichung, Entzeiträumlichung und Entzeitlichung, Textualisierung und Entkontextualisierung, und die Tatsache zusammen, dass es vor allem die jüngere Generation ist, die sich in diesem Medium bewegt, stellt sich die Frage, wie Kommunikation unter diesen Rahmenbedingungen gelingen kann.

Wir wollen zunächst Situationen schildern, bei denen es zu Kommunikationsproblemen in der Online-Kommunikation kommen kann:

1. Ich reagiere auf eine erhaltene E-Mail, über die ich mich geärgert habe, sofort und sage dem anderen mal so richtig die Meinung.
2. Ich habe eine E-Mail oder SMS mit brisantem Inhalt an den falschen Adressaten geschickt.
3. In meinem sozialen Netzwerk habe ich Inhalte (Meinungen, Fotos, Videos) veröffentlicht, die sich nun ungewollt weiter im Netz verbreiten können.
4. Meine Meinung, Kommentare, Einträge in Gästebüchern auf Webseiten sind öffentlich zugänglich und könnten ggf. ein falsches Bild von mir geben.
5. Bei der Veröffentlichung von Inhalten (via E-Mail, SMS und Chat) habe ich nicht auf Sprachstil und -form geachtet.
6. Ich kann nicht wissen, wer meine E-Mails eventuell mitliest.

7. Bei den oben genannten Beispielen gehen wir davon aus, dass wir als Sender unserer Nachrichten nicht anonym, sondern bekannt sind und waren.

Wir schlagen folgendes Verhalten als Reaktion auf o.g. Situationen vor:

Zu 1. Wenn möglich suche ich das persönliche Gespräch mit dem Empfänger meiner E-Mail.
Zu 2. Auch hier ist es unabdingbar, das persönliche Gespräch mit dem Empfänger meiner Nachricht zu suchen, um ihm die Umstände und Hintergründe zu erläutern.
Zu 3. Dies ist nur schwer rückgängig zu machen. Allerdings kann ich meine Einstellungen so in den sozialen Netzwerken ändern, dass das künftig nicht mehr passiert.
Zu 4. Ich könnte prüfen, ob es möglich ist, solche »bereuten« Einträge im Nachhinein löschen zu lassen.
Zu 5. Auch hier ist eine Korrektur der bereits online gestellten oder verschickten Inhalte nur schwer möglich, aber ich kann mir vornehmen, künftig auf höhere Qualität bei Sprache und Form zu achten.
Zu 6. Generell sollte ich mit persönlichen Inhalten vorsichtig umgehen.

Zusammengefasst halten wir folgende Aspekte für relevant:

- Auch bei der Online-Kommunikation sollten wir auf Stil achten. Quick and dirty ist nicht angebracht und wirft alles in allem ein schlechtes Licht auf den Sender.
- Je nach situativem Kontext ist die Wahl des richtigen Mediums wichtig: Einfach strukturierte, sachliche Informationen können leicht via E-Mail ausgetauscht werden, während hochkomplexe und u.U. hoch emotionale Inhalte besser in einer Face-to-face-Kommunikation zu besprechen sind.

- Auch hier gilt die Grundhaltung wertschätzender Kommunikation (»Ich bin o. k. – du bist o. k.«).
- Auf die Wort- und Symbolwahl ist zu achten. Aufgrund der Speicherfunktionalität ist dies noch bedeutsamer als in der reinen Face-to-face-Kommunikation, bei der man im Nachhinein leichter sagen kann, etwas nicht oder zumindest nicht so gesagt bzw. gemeint zu haben.
- Bei hoher emotionaler Betroffenheit sollte man die Chance nutzen, dass man nicht gezwungen ist, gleich zu antworten (im Gegensatz zu einem persönlichen Gespräch), sondern erst einmal eine Nacht darüber schlafen kann.

Für die Kommunikation im Netz haben sich mittlerweile Regeln zwischen Unternehmen und Internetnutzern etabliert. Die Fachgruppe Social Media des Bundesverbands für Digitale Wirtschaft (BVDW) hat übrigens einen »Social Media Code of Ethics« veröffentlicht, denn das Web 2.0 hat die Spielregeln insofern verändert, als alle Menschen Inhalte veröffentlichen können. Der öffentliche Dialog zwischen Unternehmen und Internetnutzern sollte sachlich, fair und achtungsvoll sein:

- **Respekt.** Wir respektieren unsere Nutzer und deren Meinungen und achten auf einen respektvollen Umgang der Akteure untereinander.
- **Sachlichkeit.** Wir begrüßen themenbezogene Inhalte und sachliche Kritik.
- **Erreichbarkeit.** Wir reagieren schnellstmöglich und angemessen auf direkte Fragen, Anregungen und Kritik.
- **Glaubwürdigkeit.** Wir stehen mit unseren öffentlichen Aussagen und Meinungen nach bestem Wissen und Gewissen für Transparenz und Glaubwürdigkeit.
- **Ehrlichkeit.** Wir gehen mit Fehlern offen um und verschleiern sie nicht.
- **Recht.** Wir respektieren die Rechte unserer Nutzer sowie die Rechte unbeteiligter Dritter, insbesondere Urheber- und Persönlichkeitsrechte und Datenschutz.*

* http://arbeitsblaetter.stangl-taller.at/KOMMUNIKATION/Kommunikation.shtml#Shannon

Wie im Folgenden gezeigt wird, birgt die Kommunikation im Netz sowohl Chancen als auch Risiken:

Sie ermöglicht eine *orts- und zeitunabhängige Kommunikation:* Kommunikation ist auch über größere Distanzen problemlos zu jeder Zeit möglich.

Sie steht für eine *Demokratisierung von Information:* Der Zugang zu Information ist i. d. R. für jedermann zugänglich. Damit kommt es zu einer Demokratisierung von Information. So ermöglicht Kommunikation im Netz zum Beispiel den raschen Zusammenschluss einer Interessensgemeinschaft, wie aktuelle weltpolitische Beispiele zeigen, um für die gemeinsame Überzeugung zu kämpfen. Insgesamt verändern sich durch die raschen Informationen partizipative Strukturen in ansonsten eher autoritären Systemen.

Man ist von der verfügbaren Technologie (Computer / Smartphone und Netz- / Internet-Zugang) abhängig: Nur wer über die entsprechende technische Infrastruktur verfügt, kann an der Kommunikation im Netz teilhaben. Darüber hinaus ist diese technikbasierte Kommunikation nur dann möglich, wenn auch das »Netz« verfügbar ist – in abgelegenen Gegenden, da wo sozusagen Funkstille herrscht, herrscht diese dann tatsächlich, da die Kommunikation im Netz auf einen verfügbaren Netzzugang angewiesen ist.

Eine *Ortung* ist jederzeit möglich: Ist die Ortungsfunktion in dem mobilen Endgerät nicht explizit ausgeschaltet, ist eine Ortung jederzeit möglich. Das kann im Katastrophenfall von Vorteil sein. Es besteht aber vor allem die Gefahr der Überwachung. So könn(t)en problemlos Bewegungsprofile erstellt werden, die u. U. mehr Information zutage fördern, als einem lieb ist. Auch die abgeleistete Arbeitszeit am Bildschirm kann sekundengenau überprüft werden.

Sie bringt uns unter einen *Geschwindigkeits- / Bearbeitungsdruck:* Während ein Brief ein oder mehrere Tage unterwegs war, ist die elektronische Nachricht zeitnah zugestellt, und wir als Empfänger geraten ggf. unter Druck, auch zeitnah zu antworten. In Chats und sozialen Netzwerken gibt es i. d. R. kaum Zeit, über Formulierungen der

Nachrichten nachzudenken, was sich dann nicht selten in der Qualität des Geschriebenen ausdrückt. Zwar muss nicht jede Kommunikation notwendigerweise tiefgründig sein, jedoch birgt diese Art Fast-Food-Kommunikation die Gefahr, die Kommunikations- und damit letztendlich auch die soziale Kompetenz zu reduzieren.

Es gibt eine *Speicher- und damit Aufbewahrungsfunktionalität:* Ausgetauschte Nachrichten können über einen quasi beliebig langen Zeitraum gespeichert werden. »Das Netz vergisst nichts!«

Teilweise wird eine *Geheimsprache* benutzt: Wer Akronyme oder Symbole nicht kennt, kann nicht mitreden.

Die Wahrung der *Privat- und Intimsphäre* ist problematisch: Gerade in Online-Communities laufen Nutzer (vor allem jüngere) Gefahr, Informationen über sich zu freizügig preiszugeben, ohne sich über mögliche Folgen bewusst zu sein. Zwar hat sich in der letzten Zeit ein Problembewusstsein hierfür entwickelt, und auch die Anbieter wie Facebook haben entsprechend reagiert und ihre Plattformen mit erweiterten Funktionalitäten zur Wahrung der Privat- und Intimsphäre ausgestattet, doch muss gerade jungen Menschen die Notwendigkeit, sich hierüber Gedanken zu machen, bewusst gemacht werden. Dazu ist eine entsprechende Schulung der Medienkompetenz dieser jungen Menschen notwendig.

Der *Informationsgehalt* wird dünner, und wir werden *von* zu vielen *Informationen überflutet:* Es besteht die Gefahr, dass wir von Informationen über Nichtigkeiten überschwemmt werden, während wirklich gehaltvolle Kommunikation auf der Strecke bleibt. Wie oben beschrieben, werden bei der Online-Kommunikation nonverbale Signale, z. B. die Ausstrahlung einer Person, auch Geruch und Atmung, nicht übermittelt, sodass wesentliche Informationen verloren gehen. Die Informationsmenge kann einen erschlagen. Man hat Schwierigkeiten, Wichtigkeiten oder Prioritäten der Bearbeitung zu erkennen.

Es besteht die Gefahr *unbewusster Manipulation:* Unterschwellig werden Inhalte über Werbebanner auf Webseiten und Werbe-E-Mails (Spam-Filter!) transportiert. Ohne eigenes Zutun eingespeiste Programme, einschließlich Nachrichten, sind fremde Steuergrößen, die unser Denken beeinflussen. Wir werden durch die Programme mehr oder weniger manipuliert und können die Fähigkeit verlieren, selbst zu denken, zu werten und zu entscheiden.

Die *Gefahr der Abhängigkeit* steigt: Immer und überall erreichbar sein zu können, birgt auch die Gefahr, zu glauben, dass es anders nicht mehr geht. Abschalten – im wahrsten Sinne des Wortes – kann dann schwerfallen.

Und zum Schluss sei auch auf den enormen *Ressourcenverbrauch* hingewiesen: Während man gemeinhin davon ausgeht, dass der Ressourcenverbrauch an geschriebenem bzw. bedrucktem Papier durch Online-Kommunikation zurückgeht, steigt der Verbrauch an wertvollen Rohstoffen für die Herstellung der mobilen Endgeräte drastisch an.

Weil wir Menschen auf lebendigen Kontakt angewiesen sind, sollten wir auch nicht auf die persönliche Begegnung mit Menschen verzichten. Gefühle sind das Schmiermittel für Beziehungen. Sie können kaum durch Medien übertragen / mitgeteilt werden. Insofern wird die Teilhabe an der medialen Kommunikation im Wesentlichen nur einen Teil eines wechselseitigen Informationsaustausches abdecken. Der virtuelle Kuss wird dem realen, wirklich erlebten und gefühlten Kuss wohl nie das Wasser reichen können.

Kapitel 11
Lüge und Wahrheit – eine Gratwanderung

Wir tun es jeden Tag viele Male, obwohl wir gelernt haben, dass man nicht lügen soll. Täten wir es nicht, wären wir binnen Kurzem isoliert, wären todunglücklich und hätten uns und unsere liebsten Menschen ebenfalls um das Glück gebracht. Lügen sichert zuweilen den zwischenmenschlichen Frieden. Ja, gut zu lügen ist ein Ergebnis sozialer Intelligenz!

Das klingt eigentlich ungeheuerlich und rüttelt vielleicht sogar an den Grundfesten unserer besten Beziehungen? In der Partnerschaft, in der Freundschaft lügen? Ja. Ja, aber …

Es ist wohl notwendig, hier zu entwickeln, was wir unter Lügen verstehen. Im allgemeinen Verständnis verbinden wir das Wort Lüge mit Unwahrheit, Unredlichkeit, Betrug und Verrat. Nicht gar so fürchterliche Worte sind: Legende, Täuschung, (Ammen-)Märchen, Räuberpistole und Jäger- oder Anglerlatein und andere Flunkereien. Fast schon gar nicht mehr zur Lüge zugehörig betrachten wir Worte wie diplomatisches Geschick, Takt, Höflichkeit, Ausflucht, Beschönigung, Euphemismus, Schwindel, Schmeichelei oder Halbwahrheit. Und es gibt einen besonders perfiden Feind der Wahrheit: Das ist der Irrtum. Jeder kann sich irren. Gerade Opfer von Straftaten irren sich zuweilen in der Rekonstruktion der Tat, denn sie finden die Erinnerungen in ihrem episodischen Gedächtnis »nicht an der richtigen Stelle«.

In der Werbe- und Verkaufssprache wird doch auch gelogen, dass sich die Balken biegen, aber wir nehmen das hin, als müsste es so sein.

Die Psychologie hat noch ganz andere Worte des Verstehens der Lüge in den allgemeinen Sprachgebrauch eingebracht: leugnen, verdrängen, rationalisieren und sublimieren oder idealisieren. Es soll sich hier um unbewusste Prozesse handeln, die die Integrität des Ichs sichern helfen. Ganz allgemein und einfach könnte man sagen, dass der lügt, der etwas anderes sagt, als er glaubt.

Wir verstehen unter einer Lüge eine bewusst falsche Aussage z. B. aus Angst, Berechnung, Höflichkeit etc., im Gegensatz zu einem Aussageirrtum, bei dem eine Aussage auf der Grundlage z. B. einer unzureichenden Wahrnehmung oder einer – oft gruppendynamisch mit verursachten – Fehlinterpretation eines Geschehens vorliegt. Kinder können oft nicht zwischen der Realität und den Produkten ihrer Fantasie z. B. in einem Video-Spiel unterscheiden. Es gibt auch krankhafte Störungen (Pseudologia phantastica), bei denen der Mensch immer wieder dazu neigt, glaubhafte Geschichten zu erzählen, die jeglicher realen Grundlage entbehren. Es handelt sich dann oft um narzisstische bzw. histrionische Persönlichkeitsstörungen.

Warum lügt der Mensch? Zum Ersten, weil er ängstlich ist und von der Wahrheit, wenn er sie ausspricht, Nachteile erwartet oder befürchtet. Er ist vielleicht auch zu faul, sich eine gute, d. h. passable Formulierung zu überlegen, die taktvoll ist und nicht verletzt. Dann, zweitens, machen wir uns immer wieder vor, wir müssten deshalb lügen, um den anderen, unseren Mitmenschen, zu schützen. Wir machen uns also über dessen seelische Belastbarkeit Sorgen. In Wirklichkeit haben wir wohl auch hier Angst, seine Reaktion auf die Wahrheit nicht aushalten zu wollen. Neigen wir hier bereits fälschlicherweise dazu, von einer Notlüge zu sprechen? Und drittens: Wir vermögen oft nicht die Wahrheit von der Unwahrheit zu unterscheiden; dies gilt besonders, wenn wir uns in belastenden Situationen erleben. Viertens wollen wir ganz bewusst unser Gegenüber täuschen, wenn wir z. B. bei einem Verkauf die Vorteile betonen, die Nachteile aber geflissentlich verschweigen. Und schließlich – fünftens – gibt es ein sehr klares antisoziales Lügen, wenn man sich durch eine Falschaussage einen Vorteil erschleichen will. Dazu gehören schon die kleinen Nettigkeiten, die man der Erbtante gegenüber verlauten lässt, obwohl man nur mit größtem Widerwillen den Besuch gemacht hat.

Eine besondere Form des Lügens ist natürlich das Sich-Selbst-Belügen: Man macht sich etwas vor, redet sich etwas ein oder glaubt, jemand Besonderes zu sein, usw. Auch hier glauben wir, dass das nicht gut sei. Vorsicht! Es wäre durchaus bekömmlich, sich mit einem gewissen Maß an Selbsttäuschungen anzufreunden, denn damit sind in vielen Situationen das Leben und die zwangsläufigen Enttäuschungen besser auszuhalten. Ein Kranker lebt zum Beispiel zuweilen mit seinen Hoffnungen besser als von seinen Pillen.

Und schließlich gibt es noch die kollektive Lüge, also z. B. die großen politischen Lügen der totalitären Systeme oder der Medienkampagnen, die bewusst auf eine Verdummung der Bevölkerung aus sind.

Es wäre interessant, wenn man einmal sehr kritisch die kleinen und großen Lügen, die in der eigenen Firma üblich sind, benennt und mit guten Kollegen bespricht. Wie man auf Anfragen des Vorgesetzten höflich antwortet, um in dem Moment, in dem er den Raum verlassen hat, über ihn zu lästern. Wie man über einen abwesenden Mitarbeiter tratscht, aber sofort wieder nett zu ihm ist, wenn er den Raum betritt. Wie man die Kunden am Telefon nicht ehrlich von der sicheren Verzögerung einer Auslieferung informiert, sondern Ausflüchte verwendet. Wie die Vorzimmerdame den Chef verleugnet, weil er nicht gestört werden möchte.

Bei der Lüge kreist alles um die Wahrheit. Aber wir haben alle vielfach erfahren, dass es sehr unterschiedliche Wahrheiten oder vielmehr Wirklichkeiten gibt. Und so kann man mehr oder weniger dicht zur jeweiligen Wirklichkeit Stellung beziehen. Und da meine konstruierte Wirklichkeit nicht unbedingt die Wirklichkeit des anderen ist oder sein muss, habe ich – und hat auch der andere – ein Recht, meine Wirklichkeit für mich – und er seine für sich – zu behalten. Oder anders ausgedrückt: Ich habe das Recht, meine Geheimnisse, meine eigenen Ideen, meine Vorlieben und meine Bereiche zu haben und zu pflegen. Es muss und soll nicht alles öffentlich gemacht werden. Das gilt in einem erhöhten Maße für Firmen, die ihre Umsätze usw. nicht öffentlich machen wollen. Und es entspricht nicht dem Verständnis von Anstand, wenn man/frau auch das Intimste der Öffentlichkeit offenbart.

Trotzdem wird man immer wieder in Situationen geraten, die eine vorsichtige Aufklärung nötig machen. Wenn Zweifel an der Aufrichtigkeit einer Aussage bleiben, ist es sinnvoll, erst einmal innerlich den Gedanken zu haben: »*Das klingt zwar verrückt, aber es könnte unter ganz besonderen Umständen, die ich nicht kenne, auch richtig sein.*« Auch sollte die innere Einstellung zum Gegenüber nicht zu rasch oder vordergründig von der Erwartung gekennzeichnet sein, dass er mich anlügt oder anlügen wird. Wenn mir seine/ihre Aussage zweifelhaft erscheint, kann ich erst einmal überlegen, welche Motive er oder sie möglicherweise haben könnte, mich anzulügen. Und diese Zweifel kann und soll man – je nach Situation – auch taktvoll äußern. Das könnte so lauten: »*Es fällt mir schwer, das in dieser Form nachzuvollziehen.*« Oder: »*So hast du das wahrgenommen? Könnte das ein anderer Beobachter vielleicht auch anders gesehen haben?*« Oder: »*Vorhin sagten Sie, Sie hätten davon noch nichts gehört. Jetzt beziehen Sie sich aber doch auf irgendwelche Kenntnisse. Welche sind das? Was wussten Sie wirklich?*« Oder: »*Was Sie sagen, klingt logisch. Aber es wäre auch denkbar, dass Sie sich mit einer anderen Aussage, die richtig sein könnte, stark belasten?*« Dabei ist es in den allermeisten Fällen hilfreich, den Gesprächspartner nicht öffentlich bloßzustellen, ihm also nicht die (Schutz-)Maske vom Gesicht zu zerren, sondern ihm durch eine mögliche, korrigierende Formulierung eine Brücke zur Wahrheit zu bauen: »*Gut, ich nehme das mal so hin, wie du es gesagt hast. Und ich kann mir vorstellen, dass du, weil du den XY nicht wirklich leiden kannst, auch etwas scharf formuliert hast, um ihn mehr zu belasten, als es der Wirklichkeit entspricht.*« Auch: »*Gestern, als du mir das das erste Mal erzähltest, warst du noch sehr aufgebracht. Wie siehst du das Geschehen heute?*«

In den allermeisten Fällen sollten Zweifel nicht zurückgehalten werden; sie wirken – unausgesprochen – im seelischen Untergrund der Beziehung und nähren ständig Misstrauen und münden in eine Stimmung der Vorsicht, des Verdachts und der Kontrolle: Dies ist ein wesentlicher Grund für zum Teil schwere Beziehungsstörungen. Gleichermaßen ist es aber auch zuweilen opportun, ein Lügengebäude, das jemand um sich herum aufgebaut hat, nicht leichtfertig zum Einsturz zu bringen. Psychotherapeuten wissen, welchen Schaden eine plötzlich einstürzende Fassade anrichten kann.

Im beruflichen Alltag gibt es eine besonders schwierige Problematik, die oft verkannt wird: Wenn es nämlich üblich ist, nicht nur gegenüber der Kundschaft, sondern auch innerhalb der Firma den Mitarbeitern oder dem Vorgesetzten gegenüber die Unwahrheit zu sagen. Oder man soll Fremden, auch Pressevertretern gegenüber, besonders vielleicht Menschen aus der Versicherungsbranche gegenüber, nicht die Wahrheit sagen. Große Firmen, aber auch Institutionen wie Kirche, Polizei oder Militär etc., haben für kritische Fragen eine Presseabteilung, die für heikle Fragen und Auskünfte zur Verfügung steht. Dies nicht nur aus rechtlichen Motiven.

Gehen wir einmal davon aus, dass von Ihnen als einem Mitarbeiter oder einer Mitarbeiterin unausgesprochen verlangt wird, zum Wohle der Firma zu lügen. Beispiele hierfür könnten sein:

1. Sie kennen aus Ihrer Schulzeit einen Pressevertreter, der zufällig bei der Regionalzeitung arbeitet. Er fragt Sie: *»Sag mal, stimmt das, dass bei euch demnächst 100 Arbeitsplätze wegfallen sollen?«*
2. Ihr Vorgesetzter kommt zu Ihnen und verlangt, dass Sie dem nächsthöheren Vorgesetzten bei einem anstehenden Gespräch sagen sollen, dass die Umsatzzahlen in diesem Quartal enorm gestiegen sind (was nicht stimmt).
3. Der Betriebsleiter hat ganz offensichtlich einen Bock geschossen und wird dafür vom Vorstand ziemlich grob zurechtgewiesen. Sie sind bei dem Gespräch dabei und erleben mit, wie der Beschuldigte die Schuld auf Sie abwälzt und damit abwiegelt, dass Sie ja noch neu sind und nicht wissen konnten …
4. Auf einem Polizeirevier wird ein betrunkener und renitenter Berber schlecht behandelt; ein Kollege stößt ihn (später wird er vor

Gericht sagen: ganz zufällig) absichtlich so, dass er die Treppe in den Keller herunterstürzt. Sie dürfen / sollen nichts sagen (Mauer des Schweigens).

5. Sie sind Abteilungsleiter in einer Behörde, in der es Unregelmäßigkeiten gegeben hat. Ihr zuständiger Vorgesetzter verlangt von Ihnen, dass Sie bei einer möglichen Aussage bei einer Vernehmung darauf hinweisen, dass bestimmte Informationen erst nach einem bestimmten Termin in der Abteilung aufgetaucht sind. (Was offensichtlich nicht stimmt.)
6. Bei einem Notfall sind Sie als Rettungssanitäter mit einem Kollegen als erste vor Ort und finden eine verwüstete Wohnung vor. Schmuck liegt herum. Sie stecken ein Teil ein und sehen, wie das Ihr Kollege auch tut. Sie sehen sich im stummen Einverständnis an.
7. Sie haben mitbekommen, dass eine in der Hierarchie weit höher stehende Person nach einer kleinen Feier in der Firma beim Ausparken ein anderes Fahrzeug beschädigt hat. Am nächsten Tag wird gefragt, wer etwas beobachtet hat.
8. Die Chefsekretärin muss / soll ihren Chef vor zu vielen oder gar fremden Anrufen schützen und sagt: *»Oh, das tut mir leid. Herr Dr. Flach ist gerade bei einer wichtigen Besprechung.«*
9. Bei Versicherungen ist es üblich, von den Versicherten zu verlangen – und das gilt auch und besonders für betriebsinterne Abläufe –, keine Aussage ohne Anwalt zu machen und auf vorheriges Nachfragen zu schweigen oder die Unwahrheit zu sagen.
10. Zusagen, die Ihnen bei ihrer Einstellung mündlich gemacht wurden, werden von Ihrem Vorgesetzten nicht eingehalten.
11. Kollegen der Abteilung A sind gehalten, bewusst den Kollegen der Abteilung C gegenüber hinsichtlich des Projektfortschritts die Unwahrheit sagen.
12. In einer Klinik ist ein wichtiges Untersuchungsgerät heiß gelaufen, und das geht eindeutig auf das Versäumnis der Mitarbeiter zurück. Diese leugnen aber kollektiv, daran mitschuldig zu sein, und schieben die Schuld auf das Montage-Team.

13. Einem Arzt-Kollegen unterläuft bei einer Operation ein ›Kunstfehler‹.
14. Man bekommt mit, wie ein Kollege zum wiederholten Mal seine Reisekosten manipuliert: die Kostenstelle fragt bei Ihnen nach, ob die Reise, die Sie mitgemacht haben, wirklich so abgelaufen ist.

Gehen wir bei den Beispielen weiterhin davon aus, dass Sie als Mitarbeiter bzw. Kollege mitbekommen haben, was wirklich geschehen ist, oder dass Sie ggf. sogar Mitbeteiligter waren. Und gehen wir davon aus, dass Ihre Aussage Kollegen oder Vorgesetzte eindeutig belastet und / oder zumindest kurzfristig ihre Karriere schädigt. Weiterhin kann man davon ausgehen, dass Sie dort, wo Sie Kollegen verpetzen, hinterher Spießruten laufen werden. Wir wollen hier – aus unseren Erfahrungen – zudem davon ausgehen, dass Sie Ihr Lügen oder Schweigen letztlich selbst schlecht aushalten können. Sie ahnen, dass Sie, einmal angefangen, nicht ohne Gesichtsverlust wieder zur Wahrheit zurückfinden werden. Vor allem aber möchten wir Ihnen als Autoren und Psychotherapeuten bzw. Berater empfehlen, wenn irgendwie möglich bei der Wahrheit zu bleiben. Das ist zugegebenermaßen in einigen Fällen eine wirklich schwere Übung.

In jedem Fall gibt es – zumindest anfangs, bevor es vielleicht zu einer Gerichtsverhandlung mit einer eidesstattlichen Aussage kommt – drei grundverschiedene Strategien:

- Leugnen bzw. sich nicht genau erinnern können
- knallhart die Wahrheit sagen
- Mitlügen.

Sich nicht genau erinnern können

Dies ist wohl die beliebteste Politiker-Ausrede. Das Wegducken kann so weit gehen, dass man sich bei der entscheidenden Befragung krankmeldet. Aus einer gewissen Bequemlichkeit möchte man kein Zeuge sein, aus Feigheit will man keinen Affront mit seinem Chef riskieren, um nicht als Kameraden-Schwein zu gelten, hält man sich über Fehlverhalten der Kollegen zurück und eiert herum.

Selbst wenn man – im Schockzustand – Fahrerflucht begangen hat, kann man noch am nächsten Tag für eine vertretbare Aufklärung sorgen. Das Gleiche gilt für eine Lüge von gestern, die man heute an qualifizierter Stelle korrigieren kann. Natürlich wird man immer die persönlichen *(»Eine Schande für mich. Was denken die von mir?«)*, materiellen *(»Wer muss für den Schaden aufkommen? Was muss ich möglicherweise bezahlen?«)* oder juristischen *(»Werde ich dann vorbestraft sein?«)* Folgen mitbedenken.

Weil die Tragweite des Gestehens nicht wirklich überschaubar ist, neigt man dazu, sich mehr oder weniger geschickt im Dickicht der Ahnungslosigkeit zu verstecken. Beliebte Formulierungen sind: *»So genau kann ich das nicht sagen. Ich habe ja auch nur gesehen, wie der runterfiel.«* Oder: *»Ich kann mich leider nicht an die Reihenfolge des Geschehens erinnern.«* Oder: *»Ich kann mir das auch nicht erklären; als ich reinkam, war es bereits geschehen!«*

Diese Wischiwaschi-Antworten bei Befragungen lassen vieles ahnen, aber man glaubt, sich so aus der Bredouille herauszuschleichen. Das Herauswinden auf diese Art und Weise führt dazu, dass man leicht den Respekt vor sich selbst verliert. Dies besonders im Wiederholungsfall. »Wenn wir einer Halbwahrheit nur scharf genug ins Auge sehen, ist es eine ganze Lüge gewesen«. (Arthur Schnitzler) Junge Menschen sollen ihre Karriere nicht auf Lügen und Halbwahrheiten aufbauen. Dies ist – wie später noch zu zeigen sein wird – auch dann besonders problematisch, wenn andere Menschen mitbekommen haben, dass man sich offensichtlich mit einer Lüge oder Unwahrheit reinwaschen wollte. Es ist in solchen Fällen immer zu überlegen, ob man wirklich sein gutes Gewissen für einen anderen Menschen belasten will. Und damit eben auch, ob man – längerfristig – in solch einer Firma arbeiten möchte, wo man zur Unwahrheit gezwungen werden soll. Wer in seiner Firma einmal als Lügner bekannt wird, wird auch bei seinen Mitarbeitern und Vorgesetzten schnell den Respekt verlieren. Die Unwahrheit ist wie eine Wanze, die jede Nacht im Bett herumkriecht und unglaublich juckt. Es sei denn, man hätte sich eine dicke Haut zugelegt!

Die Wahrheit sagen

Der Rigorismus von Kant vertritt die vorbehaltlose Wahrhaftigkeitspflicht und damit die unbedingte Ablehnung der Lüge. Aber heute gibt es – vor allem auch für das Berufsleben –, stärker kasuistisch argumentierende Morallehren, die bestimmte Lügen »erlauben« (nach: Wörterbuch der philosophischen Begriffe, 2005, S. 391). *»Es kommt darauf an.«* Oder: *»Da muss man den Einzelfall sehen.«*, sagen wir und relativieren damit unsere selbst auferlegte Pflicht zur Ehrlichkeit.

Natürlich macht es einen Unterschied, ob man einen Kollegen oder den Chef gefragt oder ungefragt anschwärzt. Und man sollte kleine Vergehen von kriminellen Verbrechen unterscheiden. Gehen wir davon aus, dass Sie auf Nachfrage Stellung beziehen sollen. Es spricht für Ihre Geradlinigkeit, wenn Sie knallhart die Wahrheit sagen. Aber: Geschickt wird das nicht immer sein. Und: Wer Betriebsgeheimnisse offenbart, nur weil ihm keine andere Formulierung eingefallen ist, macht sich schuldig und ist für Führungsaufgaben nur sehr bedingt geeignet. Es ist die diplomatische Kunst, loyal und diskret zu sein; denn viele Verhandlungen und Absprachen finden hinter den Kulissen statt. Diskretion ist für vertrauensvolle Beziehungen eine Grundvoraussetzung. Und sich über vertraulich erworbene Informationen zu profilieren, ist schlichtweg eine Gemeinheit, die einem im Berufsleben so rasch nicht verziehen wird. Sosehr Ehrlichkeit zu fördern und zu fordern ist, so schwierig kann sie für die Beziehungsstruktur einer Organisationseinheit werden, wenn sie diese schädigt oder Außenstehenden einen besonderen Vorteil vermitteln würde. Ist es unwahrhaftig, wenn man die Wahrheit nicht sagt? Ist es Klugheit, zuweilen etwas zu verschweigen? Wir werden – weiter unten – Vorschläge unterbreiten, die sich bewährt haben.

Mitlügen

»*Ja, wenn das hier so üblich ist …*« Oder: »*Wenn das alle machen. Wieso soll ich denn dann …*« Vorsicht: In einer Firmenkultur der Unaufrichtigkeit wird man dazu degradiert, mitzuspielen und seine Glaubwürdigkeit zu verlieren. Und wie bereits oben angedeutet, werden erste kleine Lügen sich im Verlauf der Zeit zu einer Kette von größeren Lügen entwickeln, und man muss dann ein sehr gutes Gedächtnis haben, um genau zu wissen, wem man wann was erzählt oder verschwiegen hat. (Schweigen kann auch eine grausame Lüge darstellen!) Kleine Lügen haben die Angewohnheit, sich rasch zu einer progressiven Schludrigkeit auszuwachsen. Man kann so vielleicht in Gremien Karriere machen, aber zu welchem Preis? Was für jemanden von Vorteil ist, ist nicht immer moralisch. Führungsaufgaben haben immer einen moralischen Charakter. »*Je mehr Schwäche, je mehr Lüge. Die Kraft geht gerade.*« (Jean Paul)

Mögliche Formulierungen, die sich an der Wahrheit orientieren

Hierzu eine Vorbemerkung. Es ist erlaubt und korrekt, wenn man sagt, dass man eine Antwort zu diesem Sachverhalt oder zum jetzigen Zeitpunkt verweigert. Und es ist nicht verkehrt, wenn man sich vor einer Antwort erst noch einmal mit Kollegen, Freunden, Chefs etc. berät.

Ungeschickt sind Formulierungen wie: »*Dazu sage ich nichts.*« Oder: »*Das weiß ich nicht!*« Und: »*Da müssen Sie meinen Chef/meinen Anwalt fragen.*« Wie oben dargestellt, sind auch Halbwahrheiten und Lügen höchst problematisch. Wohl aber ist die Kunst der diplomatischen Antwort lernbar, ohne ins Schwafeln zu kommen.

Und eine dritte Vorbemerkung: In kritischen Situationen – gerade z. B. in einem Interview – sollte man kurz und präzise antworten. Bei einem persönlichen Gespräch ist das Ziel, dass das Gegenüber mich in meiner Situation versteht und dass unsere Beziehung nicht belastet wird (vgl. auch Ja-Nein-Ja-Technik, S. 77). Gerade deswegen sollen auch qualifizierte Aussagen zur Sache gemacht werden.

Schließlich: Versuchen Sie immer fair und eher spielerisch zu bleiben. Manchmal hilft dabei Humor; kämpfen Sie nicht, greifen Sie nicht ohne Not an.

Die folgenden Formulierungsbeispiele beziehen sich auf die Situation von S. 117 ff.

Zu 1: *»Du wirst sicherlich verstehen, dass ich dazu nichts sagen kann, weil für solche Aussagen unsere Presseabteilung zuständig ist. Die würden mich platt machen, wenn ich denen in die Parade fahre. Wende dich doch mit der Frage bitte an Herrn XY.«* Der Appell an das Verständnis stellt die Bitte dar, nicht weiter zu insistieren. Außerdem wird eine richtige Information mit dem Hinweis auf den Ansprechpartner gegeben. Somit ist alles korrekt.
Zu 2: *»Ich weiß nicht genau, was hinter Ihrem Anliegen steckt. Aber Sie verlangen hier etwas von mir, was ich mir und Ihnen nicht zumuten möchte. Wenn ich aber gefragt werde, werde ich sagen, dass wir auf einem guten Weg sind und die weiteren Monate abwarten müssen. Ist das o. k.?«* Hier wird eine Vermutung angedeutet, aber nicht formuliert; u. a. auch, um dem Chef nicht die Maske vom Gesicht zu ziehen. Der vorgeschlagene Kompromiss soll eine Brücke darstellen, die man gemeinsam beschreiten kann.
Zu 3: Stellen Sie den Vorfall vielleicht nicht in Anwesenheit des Vorstandes richtig. Aber sprechen Sie direkt danach mit dem Betriebsleiter: *»Herr Kutz, ich habe natürlich mitbekommen, wie Sie sich aus der Affäre zu ziehen versuchten. Aber das ging zu meinen Lasten, und das finde ich nicht in Ordnung. Sie haben mir damit beim Vorstand ein schlechtes Entree gegeben. Bitte machen Sie das zeitnah wieder gut, sonst sehe ich unsere vertrauensvolle Zusammenarbeit gefährdet.«* Es wäre nicht gut, den Chef vor dem Vorstand bloßzustellen. Es wäre aber auch schlecht, hinterher (und zwar sofort!) nichts zu dem Vorfall zu sagen. In keinem Fall aber darf der neue Mitarbeiter den Fehler des Chefs ausnutzen, um sich Vorteile zu sichern. Die Bitte um Wiedergutmachung mag gerade noch erlaubt sein.
Zu 4: Eine schwierige Situation ist es, gegen Kollegen auszusagen. Wenn man nicht sofort bei der abzulehnenden Handlung interveniert hat, sollte man

im Kollegenkreis darauf verweisen, dass man, wenn man gefragt würde, die Wahrheit sagen würde. *»Leute, ihr wisst alle, was wirklich geschehen ist. Und wenn ich von jemandem gefragt werde, was denn da geschehen ist, werde ich meine Beobachtungen mitteilen. Ich werde nicht lügen. Ich fände es aber sehr viel besser, wenn du, Hans, dich zu der Sache bekennen würdest, ihn geschubst zu haben; denn es war klarer Vorsatz! Ich möchte nicht in einer Dienstgruppe mitarbeiten, in der Vergehen gegenüber dem Bürger begangen und dann verschwiegen werden!«* Hier wird der Betroffene mit massiven Ausgrenzungen bzw. gruppendynamischen Sanktionen rechnen müssen. Tut er das nicht, fördert er die verbotenen Verhaltensweisen und macht sich mitschuldig. Es ist eine Frage des Stils, ob man Schlampereien und Verstöße mitmacht bzw. toleriert oder von Anfang an klarmacht, wie man zu solchen Vorkommnissen steht. Auch wenn man sich momentan sehr unbeliebt macht. Im Allgemeinen findet man andere Kollegen, die einem zustimmen. Sollte das nicht der Fall sein, sollte man um seine zeitnahe Versetzung bitten.

Zu 5: *»Herr Obert, ich kann Ihrem Wunsch nicht entsprechen. Sie wissen wie ich, dass die Nachricht über den Verkauf von … bereits am 15., also drei Tage vor dem Termin, bekannt war. Das ließe sich sicherlich auch leicht anhand von Mails oder Aussagen anderer belegen. Bitte verlangen Sie nicht von mir, dass ich hier die Unwahrheit sage. Ich bin noch am Anfang meiner Karriere und möchte diese nicht mit solch einer Unwahrheit belasten. Bitte haben Sie dafür Verständnis!«* Eine klare Haltung ist nicht nur aus rechtlichen Gründen sinnvoll und richtig, sondern auch, um nicht zum Komplizen eines unehrlichen Chefs zu werden. Richtig ist bei dieser Aussage, keine Drohung oder mögliche Schlussfolgerungen auszusprechen. Diese kann der Chef selber ziehen.

Zu 6: Wenn Sie solch eine Kurzschlusshandlung begangen haben, versuchen Sie so rasch wie möglich, den Fehler zu beheben. Dabei sollten Sie auf Ihren Kollegen einwirken, es ebenso zu machen. *»Oskar, wir haben gestern Mist gebaut. Wir durften niemals den Schmuck mitnehmen. Ich könnte auch gar keine Freude empfinden, wenn meine Freundin das Armband trägt. Lass uns zum Einsatzleiter gehen und berichten, dass wir den Schmuck aufgenommen haben, damit er nicht wegkommt. Dabei hätten wir ihn eingesteckt und in der Aufregung vergessen, ihn zurückzulegen. Oder fällt dir etwas anderes ein? Ich* *möchte auf jeden Fall den Schmuck noch heute zurückgeben ...«* Es ist sehr wichtig, sich hier korrekt zu verhalten. Und es ist wichtig, dass beide Männer am gleichen Strang ziehen. Sollte der zweite nicht mitziehen, kann und sollte man allein den Weg gehen. Durch die Frage *»Oder fällt dir etwas anderes ein?«* wird an die Kreativität appelliert, und die mögliche Alternative hat einen indirekten Aufforderungscharakter, dem man sich nur schlecht entziehen kann.

Zu 7: Warten Sie nicht ab, was die anderen sagen. Kommen Sie rasch zur Sache: *»Als ich kurz nach 20 Uhr ein Krachen hörte, dachte ich sofort an einen Parkunfall und sah aus dem Fenster. Meiner Meinung nach fuhr ein dunkelroter Audi weg. Ich konnte das sehen, weil er unter der Laterne durchfuhr.«* Sie müssen nicht benennen, wem das Fahrzeug gehört oder wer es wahrscheinlich fuhr. Aber als Zeuge an solch einem Geschehen muss man den Mut haben, auch Unangenehmes zu sagen. Noch besser wäre es vielleicht, wenn Sie vor einer Befragung zum Besitzer des roten Audis gingen und etwa mit ihm Folgendes besprechen: *»Herr Schuster, ich hörte gestern nach unserer kleinen Feier ein Blechgeräusch vom Parkplatz hochkommen. Da mein Büro ja zu dieser Seite liegt, sah ich aus dem Fenster. Ich bin sehr sicher, dass jemand in Ihrem Auto, dem roten Audi, genau in dem Moment wegfuhr. Könnte es sein, dass Sie oder der Fahrer dabei den kleinen Unfall verursacht haben? Wir werden sicherlich alle gefragt und ich möchte zu meiner Beobachtung stehen.«* Zu dem Schadensverursacher hinzugehen ist Kollegen-Pflicht. Denn der Geschädigte hätte Nachteile. Man spielt dem Schädiger den Ball zu: *»Könnte es sein, dass Sie ...?«*, und deutet an, dass er sich nicht davonschleichen kann. Auch hier wird eine Brücke gebaut.

Zu 8: Vereinbaren Sie mit Ihrem Chef, dass Sie nicht lügen wollen und werden. Klären Sie mit ihm, welche Formulierungen Sie verwenden sollen, die der Wahrheit entsprechen. Möglichkeiten sind: *»Oh, das ist gerade ungeschickt. Herr Maaster sitzt gerade an einer Arbeit, bei der er nicht unterbrochen werden möchte. Wir können Sie aber in etwa einer Stunde zurückrufen. Ginge das?«* Oder: *»Ich notiere mir gern Ihre Nummer. Herr Maaster wird Sie zurückrufen. Er ist z.Zt. im Betrieb unterwegs und wäre sehr ungern im Büro anderer Kollegen mit solch einer wichtigen Frage beschäftigt. Bitte haben Sie*

Verständnis.« Oder: »*Ja, ich kann gut nachvollziehen, dass Sie ungehalten sind. Ich sage Ihnen ausdrücklich zu, dass ich Herrn Maaster bitten werde, Sie zeitnah anzurufen, wenn er wieder frei ist.«* Verwenden Sie also nicht Begriffe wie: »*Er möchte jetzt nicht gestört werden!«* (Kunden stören nicht!) Oder: »*Ich setze Sie auf die Liste derer, die wir zurückrufen werden.«* oder: »*Sie müssen verstehen, dass Herr Maaster nicht ständig am Telefon sein kann.«* Wenn jemand ungehalten werden sollte, Sie vielleicht sogar beschimpft, nehmen Sie das nicht persönlich. Wenden Sie die Strategie der »Netzwandtechnik« an (vgl. S. 68) Sie müssen als Chefsekretärin drei Herren dienen: Ihrem Chef, dem Kunden und sich selber! Sie müssen höflich und korrekt den Chef entlasten bzw. ihn in seiner Arbeit unterstützen. Sie sollten Kunden nicht durch eine schlechte Wortwahl vergrätzen (s. o.). Sie sollten aber auch immer im Spiegel in ihr ehrliches Gesicht schauen können. Diese Balance ist schwierig, und deswegen benötigt man dazu »beste Kräfte«.

Zu 9: »*Ich bin gehalten aus Loyalität dem Betrieb gegenüber, nicht Belastendes zuungunsten der Firma zu sagen. Auch die Versicherung hat mir in diesem Fall auferlegt, vor einer endgültigen Klärung des Sachverhalts keine Aussagen zu machen. Ich denke, dass es in Ihren Betrieben ebenso gehandhabt wird, und bitte um Verständnis dafür, dass ich nicht mehr sage.«* Würden Sie jetzt z. B. von einem Reporter gefragt: »Wären Sie denn später vor Gericht bereit, die Wahrheit zu sagen?« – Solch eine Frage ist eine Unverschämtheit! –, sagen Sie: »*Wir warten den Fortgang der Untersuchung ab. Sie werden hören, was ich dann zu sagen habe.«* In solch einem Fall kann Ehrlichkeit richtig teuer werden. Aber eine Lüge könnte fatal sein / werden. Deshalb mag gelten, dass besonders dann, wenn starke Emotionen mitbeteiligt sind, abzuwarten angesagt ist. Das geschieht meist dadurch, dass man den potentiell Beschuldigten oder auch den Beobachter des Vorfalls isoliert, zuweilen sogar anonymisiert und ihn aus dem Rampenlicht nimmt. Er sollte in der Zeit aber sowohl juristisch wie psychologisch beraten / betreut werden. Seine Vorgesetzten werden vorerst Rede und Antwort stehen; er wird sich zu gegebener Zeit selbstverständlich äußern.

Zu 10: Suchen Sie um einen Gesprächstermin nach und geben Sie an, worum es gehen soll: Um Zusagen, die Ihnen bei Ihrer Einstellung gemacht wurden.

»Danke, dass Sie mir die Gelegenheit geben, ein mich beschäftigendes Problem anzusprechen. Sie hatten mir vor knapp einem Jahr zugesagt, dass ich ... Bisher ist in dieser Angelegenheit leider noch nichts geschehen. Ist es zu vermessen nachzufragen, woran das liegt?« Oder: *»Herr Sauber, Sie erinnern sich, dass Sie mir bei meiner Einstellung zugesagt hatten, dass ... Jetzt haben Sie sich einen Eindruck von meiner Arbeit und meinem Engagement machen können. Wie stehen Sie heute zu der mir damals gemachten Zusage? Darf ich da noch mit Ihrer Unterstützung rechnen?«* Mit einem Dank und damit einer kleinen Verbeugung ein Gespräch zu beginnen, ist klug. Man sollte aber das erste Wort dem Chef lassen. Hier wird geschickt suggeriert: *»Sie erinnern sich? Sie haben sich einen Eindruck gemacht.«* Das sind allgemeine Aussagen, die der Chef wahrscheinlich bestätigen wird. Damit entsteht unterschwellig ein Mikroklima der Akzeptanz. Auf der Basis wird die Bitte als Frage vorgetragen. Es wäre schlecht, zu diesem Zeitpunkt des Gesprächs Forderungen zu stellen.

Zu 11: *»Nein, Leute, da möchte ich nicht mitspielen. Schließlich sind wir Kollegen und arbeiten alle zum Wohl der Firma. Dazu gehört für mich auch, dass man sich wechselseitig fair behandelt. Wenn ihr nicht wollt, dass die von der Abteilung C unseren Stand der Dinge kennen sollen, werden sie sich ja ähnlich verhalten. Das ist doch nicht sinnvoll. Ich plädiere dafür, dass wir ihnen mitteilen, dass wir zwar noch hinter unserem Zeitplan liegen, aber viele zeitraubende Vorarbeiten geleistet haben, sodass wir rasch wieder in die Zeitschiene finden.«* Hier geht es auch um ein Stück Firmenkultur. Sich gegenseitig abzuschotten, ist auf Dauer keine gute Lösung. Auch hier wird klugerweise eine Brücke gebaut: *»Ich plädiere dafür ...«*, und es können noch Alternativen gefunden werden. Der Kollege, der so spricht, zeigt aber Entschiedenheit und hat Weitblick. Er wird wahrscheinlich Unterstützer finden.

Zu 12: Sie sind als relativ neue Mitarbeiterin überrascht über die Schuldverschiebung und könnten sagen: *»Oh, da bin ich aber überrascht. Hier sind eindeutig Fehler in unserer Abteilung gemacht worden (evtl. auflisten: Verspätungen, Missachtung der Bedienungsanleitung ...). Ich finde es fair, wenn wir dazu stehen und nicht andere dafür verantwortlich machen. Sicherlich können die von der Montage uns helfen, die entstandenen Fehler zu minimieren. aber wir sollten nicht die Unwahrheit sagen und damit ein Klima der*

Verdächtigungen schaffen.« Hier gilt Ähnliches wie bei obigem Beispiel: Klarheit, Korrektheit und Kompromissbereitschaft haben eine positive, langfristige Wirkung.

Zu 13: Eine ganz schwierige Situation. Soll man ohne Aufforderung etwas sagen? Den Kollegen auf seinen Fehler hinweisen? Schweigen? Mit anderen Kollegen darüber sprechen? Darauf hinweisen, dass alle befragt werden, und überlegen, wie man sich verhalten soll? Welche Mitwisser gibt es noch? Es gibt hier keine richtige Antwort. Wenn man im Nachhinein befragt wird, sollte man eine klare Haltung haben und diese fairerweise mit dem betroffenen Kollegen absprechen. Das könnte z. B. so lauten: *»Egon, du weißt, das war ein Fehler, und die Patientin muss es erleiden. Wenn ich gefragt werde, was genau vorgefallen ist, werde ich Folgendes, dem Sachverhalt Entsprechendes, sagen ...«* Oder: *»Herr Dr. XY, wir als OP-Team haben bemerkt, dass Ihnen hier ein gravierender Fehler unterlaufen ist. Wir denken, dass Sie sich der Klinikleitung gegenüber zu Ihrem Fehler bekennen sollten. Was wir tun können, um Sie zu entlasten, werden wir tun.«* Es ist eine berufsethische Frage, die die gesamte Arbeitseinheit betrifft, ob man zu seinen Fehlern steht oder nicht. Wenn es eine akzeptierende Fehlerkultur in dieser Klinik gibt, wird das Eingestehen leichter sein. Als junge Kollegin sollte man sich möglichst nicht wegducken, schon gar nicht sich zu einer Falschaussage nötigen lassen. Man sollte stets davon ausgehen, dass solch ein Fall aktenkundig und gerichtsrelevant wird.

Zu 14: *»Ich weiß nicht genau, was Herr Müller angegeben hat. Ich bin an den zwei Tagen 195 km unterwegs gewesen, und meine Tagesspesen haben ausgereicht.«* Niemand muss oder sollte die Verantwortung für die Fehler eines anderen Kollegen übernehmen. Fair ist es, dies dem Kollegen vor einer Konfrontation, in diesem Fall mit der Reisekostenstelle, eine klare Vereinbarung zu treffen. Es ist immer zu bedenken: Wer sich zusammen mit einem anderen Menschen schuldig macht und sich nicht öffentlich bekennt, schafft eine wechselseitige Abhängigkeit, die später leicht in einen Erpressungsversuch abgleiten kann. *»Du, denk dran, wir haben damals das krumme Ding gedreht. Was meinst du, wenn ich das deinem jetzigen Chef erzähle!?«*

Kapitel 12
Wenn etwas schiefgelaufen ist: das Geständnis

Eine selbst verschuldete Verfehlung ist nicht öffentlich geworden, hat aber einem anderen Menschen, oder gar mehreren, Schaden zugefügt. Der Schaden kann materiell sein, z. B. dass ich ein Auto beschädigt habe, oder immateriell, z. B. dass ich jemanden verraten habe. Oder aber, dass ich etwas unterlassen habe, was den anderen geschützt oder ihm geholfen hätte.

Wenn es versäumt wurde, zum richtigen, bestmöglichen Zeitpunkt die Verfehlung offen und ehrlich anzusprechen, belastet das nicht nur den Verursacher selbst, sondern auch die Beziehung zwischen Verursacher und Geschädigtem.

Bei einer nicht bekannt gewordenen Verfehlung besteht zudem immer die Möglichkeit, dass sie doch herauskommt und öffentlich wird. Auch anonyme Selbstanzeigen bleiben oft nicht anonym. In den Medien kann man die systematische Zerstörung eines ehemals guten Rufs bei Prominenten aus Politik oder Showgeschäft verfolgen, wenn Anrüchiges scheibchenweise unerbittlich in die Öffentlichkeit gezerrt wird. Ehemalige Stasimitarbeiter; Menschen, die in Kriegsverbrechen verwickelt waren; Personen mit einer doppelten Identität (Sex-Süchtige, Hochstapler, Pädophile etc.) müssen immer damit rechnen, entdeckt und »zur Strecke gebracht« zu werden.

Aber bleiben wir bei den kleinen Versäumnissen und größeren Verfehlungen im Bereich von Kollegen, Freunden und Familienangehörigen. Einige mögliche Beispiele aus diesem weiten Feld sind:

- Im Bootshaus des Ruderclubs hat jemand versehentlich und wohl von anderen unbemerkt das wertvolle Boot eines Clubkameraden beschädigt, ohne es ihm zu melden. (Etrillard, S. 208)
- Leicht angetrunken hat man nachts auf der Heimfahrt einen Gartenzaun umgefahren. Es ist ein erheblicher Schaden entstanden.
- Durch einen dummen Zufall hat jemand bei einer Party leichtfertig einem Dritten gegenüber erzählt, dass sein Chef wohl auch Gelder steuerfrei ins Ausland bringt. Dieser Dritte ist aber Steuerbeamter und verpflichtet, in solchen Fällen zu handeln. Der Plauderer bleibt unerkannt. Gegen seinen Chef wird allerdings ermittelt.
- Eine Ehefrau ist während eines Betriebsausflugs fremdgegangen.
- Die wirkliche Vaterschaft eines Kindes wird verheimlicht.
- In einer wissenschaftlichen Arbeit ist plagiiert worden.

Jede Person, die Schuld auf sich geladen hat, muss genau überlegen, ob man mit dem Schuldeingeständnis weiteren Schaden abwendet und / oder eine Wiedergutmachung erreichen möchte und ob man eine Beziehung konstruktiv wieder auf solide Beine stellt oder ob man nur sein Gewissen entlasten will.

Jedes Geständnis wird Folgen haben. Kann man diese voraussehen? Kann / sollte man mit einer Person seines Vertrauens oder mit einem professionellen Psychotherapeuten (Schweigepflicht) seine mögliche Offenbarung und die möglichen Folgen durchspielen? Ist es sinnvoll, ein Geständnis schriftlich bei einem Anwalt zu hinterlegen, um es nach dem Tod öffentlich zu machen? Wer hat ein Anrecht auf die Wahrheit z. B. bei einem Vaterschaftsprozess? Wer leidet am meisten?

Das können Überlegungen sein, die – je nach Situation und je nachdem, wer noch mitbetroffen wäre – bedacht sein wollen. Ist dann der Entschluss zum Geständnis verfestigt, gilt es, den optimalen Zeitpunkt und den richtigen Rahmen zu wählen. Manchmal ist der frühe Abend in einer fremden Umgebung günstig. Das kann ein Hotel sein; eine längere Autofahrt oder eine Bergwanderung. Erfahrungsgemäß gelingen solche Geständnisse beim Laufen in der Natur ganz gut. Der direkte

Blickkontakt ist so reduziert. Ungünstig ist, wenn solche Gespräche unter Alkoholeinfluss stattfinden. Überlegenswert kann es auch sein, die notwendigen Informationen brieflich und unter Hinzufügung von Beweisdokumenten mitzuteilen.

Zum Vorgehen ist auch die Wortwahl zu bedenken: Keine Vorwürfe, keine Verniedlichungen, aber auch keine Drastifizierungen; keine Halbwahrheiten (Salamitaktik), keine Rechtfertigungen – wohl aber Erklärungen mit der Bitte um Entschuldigung.

Wie könnte solch ein vorher angekündigtes Gespräch im Anfangsstadium lauten? Hier ein Beispiel: *»Ich möchte dich einmal in einer für mich und uns schwierigen Angelegenheit sprechen – unter vier Augen. Wann würde es dir in den kommenden Tagen passen? Ich denke, wir sollten etwas Zeit dafür haben.«* Das Beispiel mit dem im Bootshaus beschädigten Boot: *»Heinz, wir sind seit vielen Jahren eng befreundet. Wir wissen viel voneinander und haben viel zusammen erlebt. Wir haben uns wechselseitig viel anvertraut, und ich denke, wir sind auch immer ehrlich miteinander gewesen. Bis auf einmal. Da habe ich dich schändlich belogen, war feige und trage nach nun über einem Jahr immer noch und immer mehr an meiner Schuld. Es fällt mir sehr schwer, das dir gegenüber zuzugeben. Bitte glaub mir, dass es mir sehr leid tut, damals gelogen zu haben. Ich hatte Angst, unsere Freundschaft könnte zerbrechen, wenn ich die Wahrheit gesagt hätte. Damals, das mit dem Boot, das war ich!«*

Psychologisch ist dieser erste Schritt der schwierigste. Manchmal hört man die Empfehlung: Ja nicht lange um den heißen Brei herumreden und möglichst rasch zur Sache zu kommen. Dann wieder ist zu überlegen, ob nicht erst einmal die Beziehung durch verbindende Worte gefestigt werden sollte. Das wird eine Frage der jeweiligen Verfassung und Kompetenz sein. Dafür gibt es keine wirklich gültigen Kriterien. Wohl aber seien einige, der Schadensregulierung dienende, günstige Aspekte aufgelistet.

- Auch wenn man erst zeitverzögert feststellt, dass es ein schwerer Fehler war, sich nicht sofort zu bekennen, sollte man ihn nicht dadurch verschlimmern, dass man weiter schweigt und leugnet. Ein zeitnahes, freiwilliges Geständnis ist besser, als wenn man immer befürchten muss, dass das Fehlverhalten durch andere Menschen oder durch Medienvertreter entdeckt und öffentlich gemacht wird.
- Versichern Sie glaubhaft, dass Sie den materiellen und ideellen Schaden wiedergutmachen wollen. Beweisen Sie Ihre Absicht durch Taten.
- Versuchen Sie zu erklären, warum Sie nicht früher den Mut fanden, die Wahrheit zu sagen. Verwenden Sie dabei keine neuen Lügen.
- Bitten Sie um Entschuldigung.
- Übernehmen Sie die ganze Verantwortung, auch wenn andere mitbeteiligt gewesen sein sollten. Erklären Sie glaubhaft, dass Sie die Folgen tragen werden.
- Fragen Sie Ihr Gegenüber, was Sie tun können, um die Sache so gut wie möglich abzuschließen.

Es wird eine Erschütterung und eine Enttäuschung geben. Aber es wird nach einem Geständnis auch höchstwahrscheinlich einen Neuanfang geben können.

Noch einmal sei ein möglicher Gesprächsanfang beispielhaft formuliert. Solche Gespräche unterliegen einer eigenen Dynamik, und man kann – ohne den Kontrahenten zu kennen – schlecht vorhersagen, wie stark aufsteigende Emotionen die vernünftige Gesprächsführung beeinflussen werden. Nehmen wir das sehr kritische Beispiel des Chefs, der plötzlich die Steuerfahndung im Haus hat.

Das Gespräch ist im Büro des Chefs anberaumt. Der Mitarbeiter, der geplaudert hat, könnte sagen: *»Herr Dubois, Sie mussten eine größere Summe Steuerschulden zahlen, weil jemand aus Ihrem engsten Kreis unvorsichtigerweise Informationen weitergegeben hat. Das war ich. Lassen Sie mich bitte* *erklären, wie es dazu gekommen ist. Und glauben Sie mir bitte, dass ich keine Ahnung hatte, dass eine so locker dahergeredete Bemerkung von mir solch eine Wirkung hätte haben können. Bei der Party damals im September haben wir mit einigen Besuchern zusammengestanden. Dabei ist das Gespräch auf die Steuersünder gekommen. Vielleicht wollte ich mich wichtigmachen oder weiß der Teufel, was mich ritt, als ich so nebenbei, als wir Pralinen angeboten bekamen, sagte: ›Oh, die Dinger kenn ich. Die bringt mein Chef immer aus der Schweiz mit.‹ Worauf der Typ ganz scheinheilig fragte: ›Ah, hat er dort eine Zweigniederlassung? Oder was macht er da?‹ und ich entgegnete: ›Ich habe keine Ahnung. Da müssen Sie ihn schon selber fragen!‹ Ich hatte ja keine Ahnung, dass es sich bei dem Mann um den Leiter unseres Finanzamtes handelte. So kam wohl der Stein ins Rollen. Ich möchte Sie in aller Form für diese sehr ungeschickte Äußerung um Entschuldigung bitten. Meine Loyalität zu Ihnen und zur Firma verbieten mir, ihnen gegenüber länger zu schweigen.«*

Kapitel 13
Den Neuanfang ermöglichen: die Entschuldigung

Das menschliche Zusammenleben erfordert Spielregeln. Wenn man gegen solche Regeln verstieß, musste man in allen Kulturen zu allen Zeiten nach einem psychobiologischen Verhaltensprogramm Versöhnungsrituale praktizieren. Tut man das nicht, riskiert man Bestrafungen oder gar den Ausschluss aus der Gemeinschaft.

Voraussetzung für eine Ent-Schuldigung ist aber, dass beim Verursacher eines Vergehens, sei es klein oder groß, ein Schuldbewusstsein vorhanden ist. Wo ein Unrechtsbewusstsein fehlt, wirkt auch keine Entschuldigung oder Versöhnung.

Man sollte sich entschuldigen, wenn man einem anderen Menschen wehgetan, ihn verletzt oder einfach nur nicht beachtet und respektiert hat. Sehr unterschiedliche Gründe können dafür eine Rolle spielen: In den seltensten Fällen wird man in einer guten Beziehung den anderen mit Absicht kränken wollen. Nachlässigkeit oder mangelnde Rücksicht sind wohl die häufigsten Gründe für ein zwischenmenschliches Fehlverhalten. Aber denken wir auch an Gründe wie Neid, Angst, fehlendes Vertrauen und unberechtigte Unterstellungen. Viel zu rasch neigen wir dazu, anzugreifen, um nicht selber angegriffen zu werden. Zu rasch gehen wir über die Bedürfnisse und Belange des anderen hinweg, weil wir uns und unsere Wünsche für so wichtig erachten. Wir verstoßen gegen abgesprochene Regeln oder haben Zusagen oder Versprechungen nicht eingehalten, sind zu spät gekommen, oder uns ist ein nicht sprachliches Körpergeräusch entwichen. Wir vergessen oder verwechseln etwas. Oder wir haben etwas falsch verstanden und somit falsche Schlüsse gezogen. Zuweilen haben wir nicht genau nachgefragt, meinten, alles sei klar, und dann war plötzlich doch alles ganz anders gemeint.

Auch hier geht es – wie so oft – darum, die Gründe für ein Verhalten zu verstehen oder zu ahnen, ohne dem anderen gleich etwas Negatives zu unterstellen. Wir sollten auch immer davon ausgehen, dass Fehler und Fehlverhalten oder falsche Interpretationen ein menschliches Miteinander kennzeichnen. Es ist eher normal, wenn nicht immer und sofort Einverständnis und Harmonie herrschten.

Wie bereits angedeutet, haben sich in allen Kulturen und Gesellschaften Versöhnungsrituale ausgebildet, und sie verändern sich wohl auch über die Zeit. Im Wesentlichen ist es immer noch das gesprochene Wort, das wieder Ordnung und Gleichstimmung zwischen Menschen herstellen soll. Es sind dabei mehrere Schritte sinnvoll:

- Das Erkennen und Anerkennung des eigenen Versagens: *»Ja, ich sehe ein, ich habe hier einen Fehler gemacht.«* Und das soll ohne Zusatz wie *»Aber du hättest ja auch mal …«* erfolgen. Jede Ausrede oder Selbstentschuldigung wird als das erlebt, was es ist: das Unvermögen, eine Situation vorher richtig eingeschätzt zu haben.
- Ein zweiter Schritt besteht darin, sein Bedauern über das Missgeschick oder den Fehler zum Ausdruck zu bringen. Dabei darf man sich gern selbst der Unsensibilität oder der fehlenden Rücksicht bezichtigen: *»Du, ich habe nicht wirklich darüber nachgedacht, was ich da gesagt habe und wie du es verstehen könntest. Ich wollte dich nicht kränken. Es tut mir leid.«*
- Dieses Bedauern wird, möglichst von Angesicht zu Angesicht und möglichst vor den Menschen, ausgesprochen, die bei dem Fauxpas anwesend waren. Es ist so, dass wir als Gekränkte oder Verletzte die Entschuldigung auch gern öffentlich gemacht hätten. *»Sie haben gestern alle mitbekommen, wie ich Herrn Schuster gemaßregelt habe. Ich habe eingesehen, dass es sowohl in der Sache als auch in der Form falsch war.«* Das berührt den vierten Schritt:
- Wir wünschen uns als Personen, dass jemand z. B. für eine (Flugzeug-)Katastrophe die Verantwortung übernimmt und sich öffent-

lich entschuldigt. Bei großen Schadensereignissen mit u. U. zu beklagenden Toten muss der Veranstalter, der Oberbürgermeister oder der Betreiber, zuweilen auch der zuständige Minister, die Angehörigen zeitnah um Verzeihung bitten und ihnen sein Bedauern und sein Mitgefühl aussprechen. Geschieht das nicht, entsteht zur Trauer leicht noch eine Welle der Wut, die evtl. zur Selbstjustiz führen kann (Hier verbietet es sich, eine wörtliche Rede zu phantasieren … auch in Respekt vor der schwierigen Aufgabe.)

- Der nächste Schritt soll das ernsthafte und glaubwürdige Bestreben zu einer Wiedergutmachung verdeutlichen. Kleine spontane Trostgesten, z. B. dass ein Kind, das in einen Unfall verwickelt wurde, von den Rettungskräften ein Kuscheltier überreicht bekommt, sind nur erste Schritte. Eine Wiedergutmachung darf in der Anfangsphase noch allgemein bleiben. So sagt der Landrat bei einer Überschwemmungskatastrophe z. B.: »*Der Landkreis wird alles tun, damit Sie als Geschädigte so schnell wie möglich wieder in Ihre Häuser können. Wir werden die Schäden einschätzen müssen und dann werden wir im Verhältnis zur Schadensgröße adäquate Hilfe leisten.*« Im privaten Bereich kann es so lauten: »*Barbara, natürlich ersetze ich dir die Decke. Lass mich das mit meiner Versicherung klären. Darf ich dir bis dahin anbieten, dass ….*« Oder: »*Herr Mayer, ich möchte meinen Fehler, so gut es geht und so rasch wie es möglich ist, wiedergutmachen. Sagen Sie mir bitte, was ich noch an diesem Wochenende tun kann.*«
- Dann empfiehlt es sich zu überlegen, wie man einen gleichen Fehler in Zukunft vermeiden kann. Das wird jeder für sich selbst überlegen müssen. Aber es hat sich bewährt, auch das zum Gegenstand eines kurzen Gesprächs zu machen. So könnte man sagen: »*Maria, es tut mir leid, was geschehen ist. Und damit in Zukunft so was nicht wieder passiert, finde ich, sollten wir uns rechtzeitig und offen wechselseitig mitteilen, wenn etwas schiefläuft.*« Oder: »*Frau Berger, die Terminabsprache habe ich diesmal verpatzt. Das tut mir leid. In Zukunft würde ich mir wünschen, dass wir uns vor wichtigen Terminen – vielleicht*

zwei Tage vorher? – kurzschließen, um uns abzustimmen, damit alles klappt. Wären Sie damit einverstanden?«

Es ist für eine Versöhnungsgeste nicht ausreichend, wenn man nach einer Weile so tut, als wäre nichts gewesen. Wie eine Wunde oder Scheuerstelle langsam zuheilen muss, sollte auch eine Verfehlung nach der Klärung noch kurz thematisiert und dann zu den Akten gelegt werden können. Versöhnen ist ein wechselseitiger Prozess. So gesehen, sollten beide Parteien den richtigen Zeitpunkt für einen »Ärger-Versöhnungs-Swing« finden.

Beispiele für ungünstige Formulierungen sind:

»Du musst verstehen, ich konnte nicht anders!«

»Du bist aber auch empfindlich! Wenn ich in meinen Job so ne Mimose wäre!«

»Ich bin nun mal so! Du musst mich halt nehmen, wie ich bin!«

»Sorry, soll nicht wieder vorkommen!«

»Ja, ja, du hast recht und ich hab meine Ruhe!«

Beispiele für günstige Formulierungen sind:

»Es tut mir leid. Ich habe da etwas falsch eingeschätzt.«

»Mea culpa! Asche auf mein Haupt. Ich werde es wiedergutmachen.«

»Ich möchte Sie in aller Form um Vergebung bitten. Ich bedauere sehr, dass ich Sie enttäuscht habe. Ich werde alles tun, um den Schaden zu reparieren.«

»Ich bedaure sehr, was Ihnen widerfahren ist. Es gibt dafür möglicherweise Erklärungen, aber letztlich keine Entschuldigungen. So etwas darf nicht passieren. Nun ist es doch geschehen. Und wir werden als Verantwortliche alles tun, damit Ihnen als Geschädigte, denen unser tiefes Mitgefühl gebührt, Gerechtigkeit widerfährt. Dazu habe ich die betroffenen Landräte angewiesen, sofort Unterstützung und Hilfe zu gewährleisten.«

»Ich möchte mich als Verantwortlicher für die Organisation des Events bei Ihnen persönlich für die Pannen entschuldigen. Wir werden klären, wie es dazu kommen konnte, und sagen Ihnen zu, dass Sie alle einen Ersatzanspruch haben werden. Dafür bitten wir Sie ...«

Als Schlussbemerkung sei noch einmal darauf hingewiesen, dass sowohl Kleinigkeiten im zwischenmenschlichen Zusammenleben wie auch die großen Erschütterungen und »menschengemachten« Unglücke dazu führen, dass Vertrauen und Sicherheit verloren gehen, wenn keine Entschuldigung oder Wiedergutmachung erfolgt. Wenn Kleinigkeiten immer wieder schieflaufen, wird man kleinlich und weniger liebevoll. Große Versäumnisse erschüttern leicht den Glauben an die Gerechtigkeit eines Systems, wenn nicht eine Entschädigung geleistet oder zumindest ein Bedauern über das Geschehene von kompetenter Seite ausgesprochen wird.

Es wird uns immer so gut gehen, wie wir miteinander umgehen, und dazu gehört vor allem auch der Respekt vor der Verletzbarkeit des anderen.

Kapitel 14
Last but not least: Wie spreche ich eigentlich mit mir selbst?

Der Mensch, mit dem wir am häufigsten sprechen, sind wir selbst. Unsere Gedanken und Befürchtungen, unsere Überlegungen und Hoffnungen, die Ängste, die uns bedrücken, und die Empfindungen, die uns das Leben gelingen lassen: Das alles geht darauf zurück, wie wir gelernt haben, mit uns selbst zu sprechen.

Es genügt ein äußerer oder innerer Anstoß, und schon wirbeln unsere lautlosen Worte durch unsere Welt bisheriger Erfahrungen hinein in eine mögliche, wahrscheinliche, befürchtete oder erhoffte Zukunft.

Unsere Selbstgespräche basieren auf der ständigen Bereitschaft unseres Geistes, sich auch in Ruhezuständen mit sich selbst zu beschäftigen (Zarbock et al. 2012, S. 40). Stets stehen wir im Bezug zu dem, was gerade ist, war oder sein könnte. Unsere gelernten Konzepte, mit der Welt und ihren Erscheinungen umzugehen, schließt uns selbst mit ein: Als Subjekt beobachten und erleben wir uns selbst, machen uns also auch zum Objekt.

Dabei kommt es immer wieder zu bewertenden Geschichten (Selbsterzählungen), die von einer mehr oder weniger klaren / geklärten »erinnerungsbasierten Selbststruktur« (Zarbock et al. 2012, S. 41) gesteuert werden. »Die im Tageslauf gemachten konkreten Erfahrungen oder aktiven Erinnerungen, Hoffnungen, Pläne oder Wünsche müssen im Sinne der Konsistenztheorie (Grawe 2004, S. 411) untereinander und mit dem eigenen Selbstverständnis … der Person in Einklang gebracht werden.« (Zarbock et al. 2012, S. 41)

Was wir uns in Gedanken über uns selbst erzählen (verbale Selbstrepräsentanz), ist der bedeutsamste Zugang zu unserer Befindlichkeit, zu unserem Lebensgefühl. Es muss sich dabei nicht immer um Gedanken handeln, die sich an konkreten Reizen festmachen. Wir machen uns unsere Gedanken und neigen dazu, sie zugleich zu beobachten und zu bewerten.

Nun haben wir durch sehr unterschiedliche Vorerfahrungen, also durch unsere Sozialisation gelernt, wie wir uns sehen bzw. erleben und wie wir uns sehen und erleben wollen oder sollen. Dabei klafften die Vorstellung über sich selbst (Selbstbild) und der Eindruck, den wir auf andere Menschen machen (Fremdbild), oft auseinander. Erst im Verlauf der Erziehung entsteht ein Bild von uns selbst (Real-Ich) und eines, wie wir uns geben (Darstellungs-Ich). Dazu kommt eine sehr mächtige Dimension: Wie sollen / sollten wir sein (Wunsch- oder Ideal-Ich)? Nie sind wir wohl wirklich zufrieden mit dem, wie und was wir im Moment sind.

Nur ganz selten kommen diese drei Ichs (mit dem Bild von Kreisen) miteinander zur Deckung. Wenn das der Fall wäre, dann wären wir stimmig, dann würden wir uns selbst als authentisch empfinden und würden wohl auch so wahrgenommen. In der nicht empfundenen Identität hadern wir mit uns – u. a. durch Selbstgespräche, und möchten ein besserer Mensch sein. Meist leiden psychisch belastete Personen unterschwellig an diesem eher negativen Selbstgewahrsein. Stets meinen sie, den Ansprüchen und Vorstellungen anderer Menschen gerecht werden zu müssen. Wer achtsam auf seine Selbstgespräche hört, wird feststellen, dass er sich seinen Stil angewöhnt hat, den er für natürlich hält, der aber – bei genauer Betrachtung – als sehr individuell und selbstbezogen (selbstreferenziell) bezeichnet werden kann.

Wie »falsch« solche Selbst- und Weltbewertungen sein können, hat Ellis in / mit seiner Rational-emotiven Therapie verdeutlicht (Ellis 1977). Jedes Ereignis, das wir wahrnehmen, begleiten wir üblicherweise mit wertenden Gedanken bzw. mit auf uns selbst bezogenen Selbstgesprächen. Dabei schleppen wir meistens seit Kleinkindertagen einen Katalog von anerzogenen Vorstellungen und Regeln mit uns herum: »Sei lieb, dann freut sich Mutti!«, »Schrei nicht – was sollen denn die Leute denken!?«, »Streng dich an; denn nur so wird dir etwas gelingen!«, »Du bist und bleibst eine Heulsuse!«, »Du wirst es nie kapieren!« usw. Solche immer wieder geäußerten Aussagen werden leicht zu Lebens-Selbstverständlichkeiten, die wir gar nicht mehr hinterfragen. Albert Ellis hat solche typischen Selbstgespräche formuliert:

- Wenn mir ein Fehler unterläuft, ist das schlimm. Niemand darf solch einen Fehler merken. (Ich würde mich sonst als wertlos, nicht leistungsfähig erleben.)
- Andere Menschen müssen / sollen sich so verhalten, wie ich mir das vorstelle. (Wenn sie das nicht tun, sind sie entweder gestört, boshaft oder dumm. Wahrscheinlich wollen sie mich nur ärgern!)
- Die Welt, die Menschen und alle Dinge müssen so sein, wie ich mir das wünsche. (Sollte das nicht der Fall sein, bin ich enttäuscht, sauer und ich werde mich maulend zurückziehen.)
- Mein Wohlbefinden, mein Schicksal, mein persönliches Glück hängt von meiner Kindheit und Vergangenheit ab. (Die Schuld an meiner schlechten Laune, meinen Misserfolgen oder den Partnerschaftsproblemen haben Eltern, Lehrer, frühere Partner.)
- Ich mache mir regelmäßig Gedanken darüber, was alles Fürchterliches geschehen könnte.
- Es ist schlau, Schwierigkeiten grundsätzlich aus dem Weg zu gehen.
- Man benötigt immer einen Menschen oder Gott, der einem Orientierung und Bestätigung gibt, um sich im Leben zurechtzufinden.
- Meine bisherigen Erfahrungen lassen es nicht zu, dass ich mich in wesentlichen Punkten verändern kann. Ich bin nun mal so!

- Ich mache mir – als guter Mensch – stets Sorgen um das Befinden und Wohlergehen anderer Menschen. Ihre Sorgen und Leiden nehmen mich richtig mit. Mitleid ist eine wichtige menschliche Eigenschaft.
- Für alle mitmenschlichen Probleme gibt es immer eine und meist nur eine Lösung. Es ist schlimm, wenn man diese nicht findet.

(nach: Buchmann 1986, S. 45 ff.)

Wenn etwas nicht so ist, wie wir es gewohnt sind oder es gern hätten, erleben wir die Szene als unbefriedigend oder uns selbst als insuffizient. Dann beginnen wir nach Gründen (i. d. R. außerhalb von uns selbst), nach Schuldigen und Erklärungen zu suchen. Wir urteilen und neigen dazu, zu verurteilen.

In einem sehr vereinfachten Verständnis könnte man sagen, dass eher pessimistische Menschen ganz anders (meist negativer) mit sich sprechen als eher optimistische Menschen, die grundsätzlich dazu neigen, zu verharmlosen bzw. zu beschönigen. Natürlich gibt es situative Mischtypen. Menschen mit einer Tendenz, die Welt und sich selbst eher negativ zu sehen, sind in ihrer Neigung, pessimistisch zu sein, immer ein Stück von der Lebensfreude abgeschnitten. Ihre grundsätzlich niedrige Frustrationsschwelle lässt sie rasch an sich selbst zweifeln: »*Ich kann das nicht. Ich tauge nichts. Niemand mag mich.*« Dies sind Selbstgespräche mit einer fast neurotischen Tendenz. Hinzu kommen katastrophierende Gedanken: »*Es wäre eine Katastrophe, wenn ich nicht …*« Oder: »*Es darf unter keinen Umständen geschehen, dass …*« Solche Gedanken stellen das fragile Selbstwertgefühl ebenfalls immer wieder infrage. Eine Selbstkommunikation mit einer neurotischen Gedankenkette geht immer wieder von absoluten Vorstellungen und Forderungen aus: Etwas oder jemand und vor allem man selbst soll so und ja nicht anders sein. Jede Abweichung wird als Kränkung und Betriebsschaden erlebt. Irrationale Gedanken verseuchen leicht jedes Beziehungsgeflecht. Und: Man neigt dazu, sich zu schämen, wenn andere Menschen erkennen, dass man nicht perfekt ist.

Die Scham als bitterböse Gefühlswoge schwappt dann über uns hinweg und macht uns vor uns selbst klein, fehlerhaft und niemals gut genug für die Welt.

Aber auch der übertrieben optimistische Mensch neigt dazu, die Welt, die Dinge und sich selbst nicht wirklich realistisch zu sehen. Das mag in manchen Fällen durchaus positive Aspekte haben, indem sich dieser Mensch zum Beispiel selbst über seelische Tiefen hinwegtröstet. Solche Gedanken sind aber ebenfalls Quellen häufiger Enttäuschungen und Fehleinschätzungen, die Beziehungen ebenfalls massiv belasten können. Die Vorstellung, man müsse nur positiv denken, um Erfolg zu haben, ist naiv. »*Das krieg ich hin!*«, »*Alles wird gut!*«, »*Mir kann nichts geschehen!*« sind Formulierungen, die letztlich in die Irre führen und die Schuld oder den Grund für einen Nicht-Erfolg leicht nach außen verschieben (externalisieren).

Der achtsame Weg, mit sich und seinen Vorstellungen umzugehen

Es ist zwar nicht neu, wird aber in den letzten Jahren stärker betont und gelehrt: achtsam mit sich umzugehen. Nicht einen Mittelweg, auch keinen neutralen Weg geht man im angemessenen Selbstgespräch auf dem Pfad der Achtsamkeit. Dies wird zwar nicht ständig gelingen, kann aber als Prinzip verstanden werden, um sich emotional weder zu überfordern noch sich handlungsmäßig zu blockieren.

Im achtsamen Dialog mit sich selbst gehen wir fünf Schritte:

1. Schritt: Ganz gegenwärtig sein

Bei kritischen wie bei angenehmen Situationen lenkt man seine Aufmerksamkeit ganz auf das – und nur auf das –, was ist. Das bedeutet, dass man den ewig flatterhaften Geist durch Konzentration diszipliniert. Wie ein Taschenlampen-Lichtkegel im Dunklen nur eine kleine Fläche beleuchtet, ist unsere Aufmerksamkeit nur auf das gerichtet, was im Moment im Zentrum steht. An einem Beispiel sei das erläutert: Ich bin bei Freunden, andere kommen hinzu. Ich spüre, dass ich an den Rand der kleinen Gruppe gerate und nicht mehr, wie eben gerade, am Gespräch beteiligt bin. Es entsteht in mir ein missliches Gefühl. Diese Situation kann ich wie mit einer Kamera wahrnehmen: Ich sehe also Menschen zusammenstehen, höre sie miteinander reden und erkenne, dass ich nicht die Rolle spiele, die ich vielleicht spielen möchte.

2. Schritt: Beobachten

Meine Gedanken (Selbstgespräche) signalisieren, dass ich dazu neige, dass meine Erwartungen möglichst optimal erfüllt werden sollen. Ich beobachte das freundliche Lächeln meines Gastgebers den anderen Gästen gegenüber, während er mir in dieser Phase unseres Zusammenseins keine besondere Aufmerksamkeit schenkt. Und ich beobachte / erforsche den sich beginnenden, inneren Prozess in mir: Eben fühlte ich mich noch gewertschätzt, man war an mir interessiert, und innerhalb eines kurzen Zeitraums schlägt dieses eher positive Gefühl in eine eher negative Empfindung um. (»Ich bedeute ihm, dem Gastgeber, nicht wirklich etwas!«)

3. Schritt: Benennen

In einem intellektuellen Akt benenne ich das Geschehen: Ich versuche es mit einem Wort, mit einem Namen zu umschreiben, ohne es zu bewerten. Ich beschreibe – und dabei lasse ich mir etwas Zeit –, was da um mich herum und in mir geschieht. Ich probiere Begriffe, gebe dem Geschehen sozusagen einen *Griff. »Ist es eine Nachlässigkeit, wie er mich behandelt? Passt das Wort ›Unverschämtheit‹? Nein, das schon gar nicht! Ist es eine ganz normale Situation (ja, etwa …), und ich reagiere etwas überempfindlich, weil ich glaube, mehr Beachtung verdient zu haben? Ja, das könnte zutreffen. Nehme ich mich zu wichtig? Ja, kann auch sein. Werte ich mit meinem Empfinden die neu hinzugekommenen Gäste unterschwellig ab?«* Dieses Probieren ist wie das Einpassen eine Stücks in ein Puzzle. Wenn man es gefunden hat, tritt eine gewisse Erleichterung ein. Ich versuche, in diesem Schritt im Dialog mit mir selbst einen stimmigen Begriff zu finden und die Erleichterung macht sich dann oft in einem verständnisvollen, kleinen Lächeln bemerkbar.

4. Schritt: Hinnehmen

Im Allgemeinen beziehen wir zu allem, was wir erleben, emotional Stellung: »*Das finde ich gut! Das ist hässlich; es gefällt mir nicht!*« usw. Bei diesem vierten Schritt geht es darum, staunend, vielleicht lächelnd-kopfschüttelnd ein Geschehen zu begleiten, ohne sofort einen impulsiven oder egozentrischen Ich-Bezug herzustellen. Das innere Gespräch könnte hier lauten: »*Komisch, wie mich diese kleine Szene beschäftigt. Woher kommt es, dass ich da so empfindlich bin? Aber irgendwie gehört das wohl – bisher – auch zu mir, dass ich mir da sofort negative Gedanken mache. Aber was nützt mir das denn, wenn ich so denke?*« Ich nehme also hin, was ist, ohne es als Quatsch oder Blödsinn o. Ä. zu verurteilen.

Bei diesem Nicht-Bewerten und Fragenstellen wird ein negatives Aufschaukeln verhindert. Es werden Verhaltensweisen von anderen beobachtet, aber eben nicht zensiert. Wer staunt, versucht zu verstehen, muss aber nicht be- oder gar verurteilen. Ich kann und will in diesem Schritt einfach nur hinnehmen, was ist. »*Es ist o. k. so!*«

5. Schritt: Hemmung der Spontaneität

In der Ruhe und Gelassenheit etwas (auch sich selbst) so lassen zu können, wie es ist, ist Bewältigung eines spontanen Handlungsimpulses. In den allermeisten Fällen hat dies zur Folge, dass nichts Dramatisches geschieht. Ich kann über mich und mein mögliches Verhalten lächeln und etwas erstaunt sein. Aber ich muss nicht sofort in die Emotionen gehen oder abwertende Gedanken anderen gegenüber bzw. überkritische Diagnosen mir selbst gegenüber erzeugen. Es geht dabei nicht darum, Gedanken und Gefühle zu verändern, wie das etwa die Verhaltenstherapie will, sondern darum, die Beziehung, die man zu seinen Gefühlen und Gedanken hat, zu verändern.

Ich sage mir: »*Ja, so ist es. Ich empfinde es so – auch wenn ich's nicht gut finde. Aber ich kann auch durch meine gelassene Einstellung zu dem Phänomen eine ganz andere Beziehung aufnehmen. Seltsam, dass ich da so leicht gekränkt bin. Es ist aber völlig normal, dass er sich den Neuangekommenen zuwendet. Irgendwann werde ich auch wieder …*«

Durch dieses Vorgehen des gestuften Selbstgesprächs wird ein größerer Selbstabstand (Zarbock et al. 2012, S. 44) möglich, um stärkere affektive und stark subjektiv-selbstbezogene Bewertungen zu minimieren. Wir erleben in solch einer Begegnung mit der Welt bzw. Um- und Innenwelt, wie sehr wir zwar mit allem verbunden, aber nicht wirklich abhängig sind. Denn das sind wir in erster Linie von unseren Gedanken und Werturteilen. Und: Es macht Sinn, für seinen Körper und das seelischen Befinden ein Mindestmaß an Sympathie zu haben.

An drei weiteren Beispielen soll dieser Prozess achtsamkeitsbasierter Selbstkommunikation noch einmal verdeutlicht werden.

»Prüfungssituation 1«

Ob es sich um eine schulische Prüfung handelt, um einen Wettkampf, ein Vorstellungsgespräch oder um eine wichtige Präsentation, ist eher sekundär. Sicherlich haben wir uns auf solch ein Ereignis in der Sache gut vorbereitet. Aber sind wir auch emotional bzw. psychisch gut eingestimmt? Dazu gehört als Erstes wohl, dass ich die Sinnhaftigkeit dieser Prüfung akzeptiere: Sie ist in diesem Rahmen wichtig und notwendig. Und ich bin auserwählt, diese Situation zu gestalten. Insofern wäre es psychologisch auch gut, wenn ich diese Prüfung mit einem guten Gefühl angehe: Man muss sich nicht unbedingt darauf freuen. Aber man kann sich in eine Stimmung versetzen, die (kopfgesteuert) sagt: *»Es ist gut, dass der Termin jetzt da ist und dass die Vorbereitungen und das Warten dann einen Abschluss finden.«* Dass man physisch ausgeschlafen, nicht in Zeitnot, mit mentaler Unterstützung von Freunden und in guter Verfassung die Prüfung angeht, sollte selbstverständlich sein. Man sollte auch nicht – was viele Prüflinge tun – davon ausgehen, dass einen die Prüfer reinlegen wollen. Das ist ausgesprochen selten.

Und jetzt beginnt das Selbstgespräch: *»Ich bin gut vorbereitet, habe ein klares Konzept, weiß in etwa, was die Prüfer (das Publikum …) von mir erwarten bzw. erhoffen. Die leichte Aufregung ist normal. Sie bringt meinen Organismus in Schwung – und wenn ich die Erregung nicht zu stark werden lasse, laufe ich auch zu Höchstleistungen auf.«* Man betritt zum richtigen Zeitpunkt die Stätte des Geschehens (die man sich vorher schon mal angesehen haben

sollte!). Mit einem freundlichen Gesicht bzw. einem guten Atemrhythmus (kein Atem-Anhalten oder Pressen) folgt:
Schritt eins: Gedanklich ganz und gar hier und gegenwärtig sein, um die Situation so zu nehmen und zu akzeptieren, wie sie ist – ohne selbstabwertende Selbstgespräche, ohne zu katastrophieren usw.
Im zweiten Schritt beobachte ich innerlich lächelnd, was die Situation und meine Prüfer da mit mir machen: Sie erwarten von mir etwas, und ich bin bereit, mein Können zu zeigen. Gern bringe ich diese durchaus herausfordernde Situation hinter mich. Sicherlich spüre ich meine Erregung, meine Anspannung und atme tief und leise aus. Ich hoffe, dass ich gut über die Runden komme. Ich weiß, dass ich jetzt bereit bin.
Schritt drei führt dazu, dass ich – noch bevor die eigentliche Prüfung losgeht – den richtigen Namen für dieses innere Geschehen finde. Ich sage nicht: *»Ich habe Angst zu versagen.«*, sondern: *»Jetzt ist es so weit, und mein Lampenfieber zeigt mir, dass ich bereit bin.«* Oder: *»Da ist es wieder, diese innere Anspannung, die zeigt, dass ich voll konzentriert bin. Aber ich weiß auch, was ich kann und dass ich nicht alles wissen und können kann.«*
Damit sind wir bereits beim **vierten Schritt:** Hier gilt es, sich mit der Situation anzufreunden und sich auch mit seinen Emotionen zu versöhnen und lächelnd in den Befürchtungen auch die sehr wahrscheinliche Chance zu sehen, zu gewinnen bzw. zu bestehen.
Prüfungstechnisch ist auch der **fünfte Schritt** von Bedeutung: Ich haste nicht. Ich werde mir mit den Antworten Zeit nehmen, und ich bin diszipliniert genug, nicht sofort auf eine schwierige Frage eines Prüfers mit Panikgedanken zu reagieren. Wenn ich nicht sicher bin, wie die Frage gemeint ist, frage ich nach. Wenn ich die Antwort nicht genau weiß und auf den Punkt bringen kann, weiche ich ins Umfeld der möglichen Antwort aus. Aber in keinem Fall will ich mich oder den Prüfer abwerten oder innerlich beschimpfen. Ich spreche weiter und blockiere nicht.

Wenn man erst einmal in den Prozess der Prüfung gut hineingekommen ist, wundert man sich im Nachhinein meistens, wie schnell die Zeit vergangen ist.

»Prüfungssituation 2«

Noch einmal soll dieser gedankliche Prozess einer typischen Selbstkommunikation an einem privaten Prüfungsbeispiel verdeutlicht werden: Eine Golfspielerin kommt mit ihren Schlägern zur befürchteten Bahn sieben: Ein Schlag übers Wasser, das Green ist neunzig Meter entfernt. In jedem Fall muss man aber mindestens fünfzig Meter Wasserfläche überwinden. Negative Gedanken gehen eher so: *»Ach du Schreck! Jetzt wieder dieses blöde Loch.*

Ein achtsamkeitsbasiertes Gespräch würde anders verlaufen:

1. *»Das ist die Bahn, an der ich bisher zuweilen Schwierigkeiten hatte. Ich weiß genau, wie ich schwingen muss, um den Ball optimal zu treffen. Ich blende mal aus, was bisher an dieser Bahn war und was sein könnte. Ich bin jetzt ganz wohlgespannt für diesen Schlag übers Wasser.«*
2. *»Ich spüre, wie ich dazu neige, diesem Schlag zu viel Bedeutung beizumessen – und es steigt in mir ein ungutes Gefühl auf. Aber ich fühle auch, dass der Schlag an dieser Bahn mich besonders fordert.«*
3. *»Ich spüre Angst, mich vor den anderen zu blamieren, und ich verkrampfe mal wieder. Ich lege – warum eigentlich? – zu viel Ehrgeiz in solch einen Schlag. Ich bin als Mensch nicht besser oder schlechter, wenn ich den Schlag schaffe oder aber nicht schaffe. Er hat keine wirkliche Bedeutung für meine Persönlichkeit. Ja, es ist mein Ehrgeiz, verbunden mit der Angst zu versagen. Ich weiß aber, dass ich, wenn ich einen guten Schwung hinbekomme, den Ball rüberbringe.«* Ausatmen, Konzentration und trotzdem eine gewisse Lockerheit bewahren, klares Konzept.
4. *»Dieser Schlag ist wie jeder Schlag ohne Wasser auch. Es sind meine Gedanken, die mich belasten, nicht die Bahn. Ja, es könnte schiefgehen. Aber die Wahrscheinlichkeit, dass es gut geht, ist viel höher, als dass es nicht klappt! Also …«*
5. *»Ja, es gibt Bahnen, die man lieber spielt und andere weniger gern. Aber letztlich hängt es von meiner Einstellung ab, ob ich locker-konzentriert bin oder verkrampfe. Aber gerade die angeblich schwierigen Bahnen stellen eine Herausforderung an mein Können dar. Ich bin nicht perfekt, kann aber meine Angst kontrollieren.«* Ruhig atmen, Probeschwung etc.

Ein drittes Beispiel:

Perfektionismus:
Die meisten erfolgreichen Menschen sind bei Aufgaben stets bemüht, in der jeweiligen Situation ihr Bestes zu geben; schon allein deswegen, weil sie sich dann im Sinne von *»Das habe ich gut gemacht, gefällt mir!«* gut fühlen. Perfektionisten neigen durch ihre Erziehung dazu, etwas besonders gut (so gut wie möglich!) zu machen, damit niemand an ihrer Kompetenz, ihrem Willen oder ihrem Talent zweifeln kann; denn sie sind in ihrer Leistung immer auf die Bewertung durch andere angelegt. Auch hinsichtlich ihres Aussehens, ihres Lebenswandels und ihres Benehmens fühlen sie sich perfekter Regeln – mit der stetigen Kontrollfrage *»Was denken die von mir?«* im Hinterkopf – verpflichtet.

Nun wissen Perfektionisten, dass ihre Veranlagung selbstzerstörerisch ist und abhängig macht. Gelingt eine Leistung nicht so, wie sich das der Chef vorstellt, fühlt man sich leicht und rasch beschämt, verurteilt, gar abgeurteilt oder beschuldigt. Wer sich nicht so kleidet oder benimmt, wie das alle tun, fühlt sich ausgeschlossen und dadurch minderwertig.

Auch wenn die meisten erfolgreichen Menschen perfektionistische Neigungen in sich tragen, fällt es vor allem den krassen Perfektionisten schwer, einen wirklichen Erfolg zu haben und ihn zu genießen. Auf Dauer erleiden sie eine Lähmung des engagierten Lebens: Nie ist etwas wirklich gut genug. Auch wenn sich solch eine Haltung nicht kurzfristig abstellen lässt, ist doch die achtsame Auseinandersetzung mit dem lästigen Perfektionismus nach den fünf aufgeführten Schritten hilfreich:

In einem **ersten Schritt** kann man sich gedanklich etwas Folgendes klarmachen: *»Heute ist wieder ein neuer Tag. Ich muss und will nicht kämpfen, sondern meine Aufgaben spielerisch und mit der mir möglichen Kompetenz erledigen. Nicht besser und nicht schlechter!«* Und: *»Es ist mir wichtig, dass ich meine Dinge gut mache; es ist ziemlich zweitrangig, was andere von mir und meiner Leistung halten!«*

Selbst wenn ein Tag eine schwierige Aufgabe bereithält, ist es wichtig, sich auch den möglicherweise belastenden Emotionen auf eine ausbalancierte

Weise zu nähern. Gefühle sollten hierzu weder aufgebauscht noch unterdrückt oder verharmlost werden.

Im **zweiten Schritt** beobachte ich, was die wohl von mir erwartete Leistung mit mir macht. Ich nehme meine Gedanken und Gefühle wahr, identifiziere mich aber nicht mit ihnen. Ich lasse mich weder zu einem besonderen Ehrgeiz noch zu einer negativen Einstellung hinreißen. Wenn es meine Aufgabe ist, werde ich sie erfüllen. Ein Selbstgespräch könnte so verlaufen: *»Hhm, da soll ich wahrscheinlich wieder eine Doktorarbeit daraus machen. Aber mein Chef wird sowieso wieder noch etwas hinzufügen wollen. Es genügt wahrscheinlich, es so gut wie nötig zu tun. Ich werde es gut machen, denn ich möchte mich danach gut fühlen.«* Dabei ist es interessant zu spüren, wie man sich entkrampft, wenn man die Außensteuerung reduziert.

Der **dritte Schritt** wird einen Ankersatz erfordern; also vielleicht: *»Kein falscher Ehrgeiz.«* Oder: *»Ich mache meine Sache!«* Dabei gilt es noch einmal, die angebliche perfektionistischen Forderungen zu erklären: *»Kann ich das eigentlich wirklich leisten? Und: Werde ich hinterher nicht, wenn ich wieder meinen Perfektionismus einschalte, doch nur unzufrieden sein, weil niemand mich ausreichend lobt?«* Mark Twain wird der schöne Satz zugeschrieben: »Tanze so, als würde niemand zuschauen. Singe so, als würde niemand zuhören. Liebe so, als wärst du nie verletzt worden, und lebe so, als sei es der Himmel auf Erden.« Wenn sich dieser Gedanke festsetzt, wird man lächeln!

Der **vierte Schritt** führt dazu, dass man nicht bewertet oder urteilt und sich weder unter Druck setzt noch eine »Mir-ist-alles-egal-Haltung« antrainiert. Der Tag, die Arbeitsbedingungen, der Chef etc. werden wie auch das Wetter hingenommen. *»So ist es nun einmal.«* Und: *»Ich bin fit und kompetent. Es wird schon klappen!«*

Der abschließende **fünfte Schritt** könnte von folgenden Gedanken gekennzeichnet sein: *»Es sind gerade diese etwas schwierigeren Aufgaben, die meine Kompetenz leuchten lassen. Wenn es auf Anhieb heute nicht fertig wird, werde ich morgen daran weiterarbeiten.«* Oder: *»Jede Schwierigkeit wird mich auch dazu bringen, mit Kollegen nach neuen Lösungswegen zu suchen.«* Auch: *»Es wird mir und auch niemanden sonst gelingen, alles immer zur genau richtigen Zeit fertig zu machen: Man kann nie wirklich alles vollenden.«*

Sicherlich wird deutlich, dass solche Situationen einerseits vorkommen und mehr oder weniger natürlich sind. Wichtiger ist uns aber, darauf hinzuweisen, dass derartige Selbstgespräche einen nicht selbst in Stress, in Verspannung oder gar zu völlig unangemessenen Reaktionen bringen sollten. So gibt man äußeren Umständen nicht die Macht, sich von ihnen ärgern zu lassen. Und vor allem muss man sich nicht über sich selber ärgern. Es gilt zu bedenken, dass ein guter Skipper nicht über den Wind schimpft, sondern dass er seine Segelkunst verbessert, um sich den gegebenen Herausforderungen zu stellen oder ggf. im Hafen bleibt.

Wenn es ein Zeichen für Reife, vielleicht sogar für Weisheit gibt, dann spiegelt sich das sehr stark in unseren Gedanken und Selbstgesprächen wider. Nicht das, was wir schon immer gemacht gaben, macht unbedingt Sinn, sondern Gedanken, die uns in Balance halten oder rasch wieder in Balance bringen. Ehrliche Selbstgespräche sollen helfen, mit sich und der Welt besser zurechtzukommen. Und wo wir Stress und unnötigen Streit, Aufregung und Verspannung vermeiden können, tun wir uns Gutes.

Schlussbemerkung

Wollte man eine Summe aus den dargestellten Erfahrungen ziehen, wären es Begriffe wie Anstand, Kompetenz, Wertschätzung, die schwierige Gespräche zu guten Gesprächen machen. Da jedes Gespräch eben auch – neben dem Aspekt des Inhalts – ein Hinweis auf die Beziehung gibt, und wir in unserer Gesellschaft Wert darauf legen dürfen, fair und respektvoll behandelt zu werden, macht es Gespräche leichter und angenehmer, wenn wir gut miteinander umgehen. Im privaten wie im öffentlichen Bereich haben sich in unserer Kultur Verhaltensweisen bewährt, die wir auch im Zeitalter der elektronischen Medien beherzigen sollten. Wie wir miteinander sprechen, sagt etwas über unsere Umgangskultur aus: Streit und Kriege beginnen im Kopf; Gedanken und Worte werden zu Handlungen. Wir können nicht gegen den Krieg sein und zugleich ständig »Krach« in der Familie oder in der Firma verursachen oder unterstützen. Frieden beginnt auch im Kopf!

Als intelligente Wesen sind wir nicht unseren Reflexen oder unseren Affekten ausgeliefert; wir können und müssen besonders in schwierigen Situationen unser Tun im Vorfeld gewichten und die möglichen Folgen abwägen. Dabei helfen zwar Gesetze und »Üblichkeiten« – wichtiger aber sind tief in der Person verwurzelte Überzeugungen und Haltungen, die den anderen Menschen (einzeln oder auch als Gruppe bzw. Volk) respektieren, ihn also wertschätzen. Es hat etwas mit Lebensklugheit zu tun, mit sehr unterschiedlichen Menschen zurechtzukommen. Unsere soziale Intelligenz befähigt uns zu lernen. Unsere Einstellungen zum Leben prägen unsere mitmenschlichen Umgangsformen. Dabei ist in einer modernen Gesellschaft wohl bedeutsam, dass man weder unterwürfig heuchelt und »liebedienert«, noch dass man von oben herab andere Menschen abwertet oder geringschätzt.

Menschen sind unterschiedlich und nehmen im Gefüge der Gesellschaft unterschiedliche Positionen ein. Das gibt aber niemandem das Recht, sich besondere Rechte herauszunehmen. Weniger gebildete oder geübte Menschen mögen über einen kleineren Wortschatz verfügen; aber ihr Bedürfnis, gerecht und respektvoll behandelt zu werden, ist genauso ausgeprägt wie bei Menschen, die das Glück und das Talent hatten, eine andere (Aus-)Bildung zu erfahren.

Ein besonderes Anliegen war den Autoren, bei jedem Gespräch nicht nur den Blick auf die eigenen Bedürfnisse zu fixieren, sondern ihn immer auch auf jene des Gegenübers zu lenken. Es wird nicht immer und zu jeder Zeit gelingen, eine optimale Kommunikation zu gestalten; immer mal wieder werden wir – emotional – abstürzen und oft erst hinterher merken, welche »Böcke« wir wieder geschossen haben. Wie bei allen Kunstfertigkeiten gibt es nur eine wichtige Erkenntnis: Nach den Regeln der anstehenden Kunst üben, üben, üben … Und unsere täglichen Begegnungen mit anderen Menschen bieten dazu unendlich viele Möglichkeiten.

Literatur

Buchmann, K. E.: *So lebst Du besser. Mehr Lebensglück durch Selbstberatung.* Herder, 1986

Ciadini, R. B.: *Überzeugen im Handumdrehen. Wie und warum sich Menschen beeinflussen und überzeugen lassen.* mvg, 1993

Ellis, A.: *Die rational-emotive Therapie. Das innere Selbstgespräch bei seelischen Problemen und seine Veränderung.* Pfeiffer, 1977.

Etrillard, St.: *Mit Diplomatie zum Ziel – Wie gute Beziehungen Ihr Leben leichter machen.* Gabal, 2013.

Fisher, R. et al.: *Das Harvard-Konzept. Der Klassiker der Verhandlungstechnik.* Campus, 1997.

Geißler, K.: *Lob der Pause: Von der Vielfalt der Zeiten und der Poesie des Augenblicks.* Oekom, 2012.

Regenbogen, A., Meyer, U.: *Wörterbuch der philosophischen Begriffe.* Meiner, 1997.

Rogers, C. R.: *Die klientenzentrierte Gesprächspsychotherapie.* Fischer, 1987.

Saum-Aldehoff, Th.: *Big Five. Sich selbst und andere kennen.* Patmos, 2007

Tügel, H.: *Wege zur Weisheit: Der Traum vom richtigen Leben.* Fischer, 2013.

Ury, W.: *Neinsagen und trotzdem erfolgreich verhandeln.* Campus, 2009.

Zarbock, G.: *Achtsamkeit für Psychotherapeuten und Berater.* Beltz, 2012.